KB095677

어원
덕분에
영어공부가
쉬워졌습니다

♥ 쉽고 재미있게 배우는 영어 어원 그림책

\# 일러스트 가득 '어원도감'
\# 넘기면 기억되는 영단어 학습법
\# 어느새 영어 감각이 쑤욱 Up!
\# 나도 할 수 있다, 영어!

\#

머리말

"선생님, 영어 단어를 외우는 가장 효율적인 방법이 뭔가요?"

나는 재직 중인 고등학교에서 학생들에게 이런 질문을 자주 듣는다. 아마도 수많은 방법이 있기 때문일 것이다.

영어 단어집은 그 종류가 참으로 다양하다. 시험에 나오는 단어집, 예문으로 외우는 단어집, 어원으로 외우는 단어집, 일러스트를 보면서 외우는 단어집, CD를 들으면서 외우는 단어집 등 아주 다양한 책들이 서점에 빽빽이 진열되어 있다.

그런데 **가장 효율적인 영어 단어 기억법은 어원으로 학습하는 방법이다.** 나는 약 40년간 영어를 지도해오면서 이렇게 결론 내렸다. 그리고 바로 이 책 『어원 덕분에 영어 공부가 쉬워졌습니다(원제: 영단어의 어원 도감)』이 그것을 가능하게 해줄 것이다. 이 책의 상세한 장점이나 효과는 6쪽 이후에서 공저자인 스즈키 히로시 씨가 설명하겠지만, 단적으로 말하자면 **더 짧은 시간에 더 많은 단어를 습득할 수 있다는 점이다.**

게다가 머리에 부담을 주지 않고, 페이지를 넘길 때마다 즐기면서 배울 수 있다.

애초에 내가 어원에 관련된 책을 쓰려고 마음먹은 계기는 대학 시절로 거슬러 올라간다. 당시 'lavatory(화장실)'와 'laboratory(실험실, 연구실)'가 헷갈려서 도무지 구별되지 않던 시기가 있었다. 그래서 이 닮은 듯 다른 두 개의 영어 단어를 차분히 비교해보니 laboratory 속에서 '노동'을 의미하는 labor라는 단어가 눈에 띄었다.

그 후 어원 사전에서 laboratory를 조사한 결과 'labor(노동) + ory(장소)'라는 서술을 발견했다. 그때 **'노동하는 장소이므로 실험실인 건가?'**라며 실로 눈이 확 뜨였다. lavatory와 laboratory는 **얼핏 스펠링이 비슷하지만, 어원을 알면 그 차이가 명확해진다.** 다시 생각하면 나는 그 무렵부터 어원의 세계에 사로잡혔던 듯하다.

참고로 lavatory(화장실)의 lav(a)에는 '흐르다, 씻다'라는 의미가 있어서 'lava(흐르다) + ory(장소)'는 '화장실'이 된다. lava를 사용한 다른 단어로는 세탁물인 laundry, 물 쓰듯이 돈을 쓴다는 데에서 '사치스러운'이라는 의미인 lavish, 흐르는 용암인 lava, 예로부터 세탁물에 향을 더하거나 목욕용 향수로 이용되었던 lavender(라벤더) 등을 들 수 있다 (4쪽 참조).

이처럼 어원 학습을 통해 연상적으로 어휘력을 향상할 수 있고 일련의 단어를 즐겁게 터득할 수 있다.

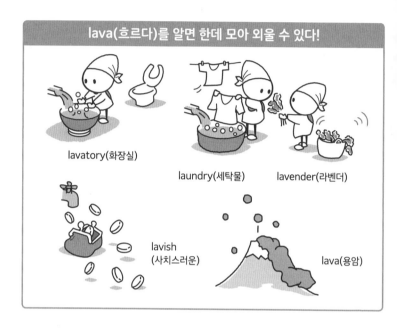

lava(흐르다)를 알면 한데 모아 외울 수 있다!

lavatory(화장실)

laundry(세탁물)

lavender(라벤더)

lavish
(사치스러운)

lava(용암)

　얼핏 이런 학습법은 멀리 돌아가는 것처럼 느껴질 수도 있지만, **어원의 힘으로 1만 단어 수준의 어휘를 터득하는 일은 이미 어원 연구를 통해 실제로 증명되고 있다.** 참고로 1만 단어를 알면 영어 신문이나 잡지를 막힘없이 읽을 수 있다고 한다. 이 수준에는 사회·경제·정치 등의 분야에서 사용되는 학술 단어나 추상적인 단어도 포함되어 있으므로 더욱 수준 높은 단계로 실력이 확장된다. **어원으로 학습하면 이런 현지인 수준에 필적하는 어휘력을 효율적으로 손에 넣을 수 있다.**

사실 나는 지금까지 어휘에 관한 몇 권의 책을 세상에 선보였는데, 이 책을 구상한 것은 10년도 더 전의 일이다. 그러나 폭넓은 개념을 구체적인 그림으로 추출하는 작업이 어려웠고, 대량의 일러스트 제작에 들어가는 비용 문제 등으로 지금까지 실현하지 못했다. 그런데 공저자이며 영어 단어를 일러스트로 표현하는 데에 능가할 사람이 없는 스즈키 히로시 씨를 만나서 오래 간직해온 꿈을 실현할 수 있었다.

　끝으로 이 책이 출판할 즈음에서 기획 취지에 찬성해주시고 거의 봉사에 가까운 형태로 협력해주신 일러스트레이터 혼마 아키후미(本間昭文) 씨, 편집 과정에서 실로 다양한 요구를 들어주신 간키 출판 편집부의 요네다 히로시(米田寛司) 씨에게 감사의 뜻을 표하고 싶다.

　이 책이 한 사람이라도 많은 독자의 눈에 띄어 '이거라면 나도 할 수 있겠다'라는 마음을 품었으면 한다. 그렇게 여러분의 영어 학습에 도움이 되기를 간절히 바란다.

2018년 4월 시미즈 켄지

어휘력이 월등하게 향상되는 어원 학습법이란?

어원 학습법이란 영어 단어를 구성하는 요소(어원)별로 나누어 생각하는 방법이다. 가령 **attraction**, **contract**, **extract**, **distraction**에 공통으로 포함된 -tract는 '끌다'를 의미하는 어근으로, 다양한 접두사나 접미사와 조합하여 의미를 만든다.

어근 -tract(끌다)를 공통으로 가진 단어

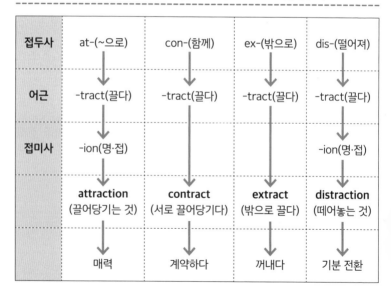

접두사	at-(~으로)	con-(함께)	ex-(밖으로)	dis-(떨어져)
어근	-tract(끌다)	-tract(끌다)	-tract(끌다)	-tract(끌다)
접미사	-ion(명·접)			-ion(명·접)
	attraction (끌어당기는 것)	**contract** (서로 끌어당기다)	**extract** (밖으로 끌다)	**distraction** (떼어놓는 것)
	매력	계약하다	꺼내다	기분 전환

단어의 구성 요소에는 3종류가 있다. 말의 첫머리에 붙어서 방향, 위치·시간, 강조, 부정 등을 나타내는 **접두사**, 주로 단어의 중간에 와서 그 단어의 핵심적인 의미를 나타내는 **어근**, 그리고 단어의 마지막에 붙어서 단어의 품사 기능이나 의미를 부가하는 **접미사**가 있다.

attraction의 경우 at은 방향이나 대상을 나타내며 '~으로'를 의미하는 접두사 ad의 다른 형태이다(접두사 ad는 뒤에 이어지는 소리에 따라서 ac, at, al, ar, ap 등으로 변한다). -tract는 '끌다'를 의미하는 어근이고, -ion은 명사를 만드는 접미사이다.

대부분의 영어 단어는 이와 같은 어원에 의해 성립된다. 한자에서 변과 방(변은 한자의 왼쪽에 있는 부수, 방은 한자의 오른쪽에 있는 부수를 가리킨다—역주)을 떠올리면 이해하는 데 도움이 될 것이다. 이처럼 접두사, 어근, 접미사를 알고 있으면 어휘력을 월등히 끌어올릴 수 있다. 그러면 그 효과를 자세히 알아보자.

어원 학습을 통해 얻을 수 있는 3가지 효과

1	**뿌리(어원)가 같은 단어가 줄줄이 따라온다**

일반적인 단어 학습이라고 하면 단어장이나 단어 카드 등을 이용해서 그대로 암기하는 방법이 가장 먼저 떠오른다. 이것은 마치 전화번호를 무턱대고 외우는 방법과 같아서, 머릿속에는 외워낸 단어가 무질서하게 흩어진다. 당연히 기억에 잘 남지 않고 필요할 때 바로 머릿속에서 끄집어내기도 힘들다.

반면에 이 책에서 소개하는 어원 학습법은 어원을 실마리로 단어를 **관련지어 외우는 방법**이다. 앞서 언급한 -tract의 예처럼 같은 어원을 가진 단어를 한데 모아 외우는 것이다. 그러면 관련된 단어까지 줄줄이 기억되어 어휘력이 점차 증가한다. 단어를 하나씩 외우는 일이 덧셈이라면 **어원 학습법은 곱셈**인 셈이다. 당연히 학습 속도가 다를 수밖에 없다.

어휘는 관련지어 외우는 것이 가장 좋다!

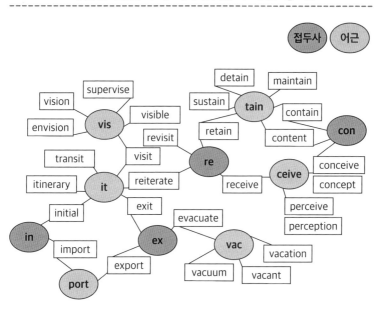

접두사　어근

---

2 | ## 어원을 알면
단어의 정확한 의미가 보인다

　사전에 실린 뜻이나 단어를 단순히 번역한 뜻만으로는 단어의 정확한 의미를 파악하는 데 충분하지 않다. 가령 survey와 inspect는 둘 다 '조사하다'라는 뜻이 있지만 둘의 의미는 크게 다르다. survey가 '위에서

(sur) 보다(vey)', 즉 '조사하다, 살펴보다'라는 의미인 반면, inspect는 '안을(in) 보다(spect)' 즉 '(구석구석까지) 검사하다, 점검하다'라는 의미이다.

이처럼 어원으로 배우면 단순히 '조사하다'라는 뜻으로는 알 수 없는 의미가 보이고, 비슷한 단어의 의미 차이를 알 수 있다(survey는 116쪽, inspect는 149쪽 참조).

어원의 의미를 이해한다면 영어 단어의 스펠링은 그저 기호가 아님을 알 수 있다. 처음 보는 단어라도 스펠링을 보면 대강 의미가 보인다. 아주 정확한 의미까지는 보이지 않아도 가깝게는 도달할 수 있다. 이 책을 읽어나가면 그런 즐거운 체험을 할 수 있다. 그러니 반드시 어원으로 생각하는 요령을 습득하기 바란다.

3 | 어원과 일러스트로 기억에 강하게 남는다

이 책에서는 한 단어에 하나씩 일러스트를 넣었다. 예를 들어 어근 tract(끌다)에는 외래어로 친숙한 트랙터의 일러스트를 넣었고, 어근 press(누르다)에는 씨름꾼의 일러스트를 사용했다. 단순한 삽화가 아니라 어원이 지닌 의미를 직감적으로 이해할 수 있게 하는 일러스트를 넣고자 노력했다. 일러스트와 어원을 통한 이미지의 힘으로 단조로운 기존의 암기 방식으로는 얻을 수 없던 **입체적인 어휘의 네트워크가 머릿속에 구축된다.**

동시에 어원을 통해 관련 단어가 이해되므로 단어의 의미를 기억에서 쉽게 꺼낼 수 있다. **잊어버렸던 단어의 의미까지 손쉽게 떠올리는 것이다.** 결과적으로 영어를 읽는 능력, 듣는 능력까지 향상된다.

이미지와 함께 흡수한 정보는 강하게 각인되어 기억에 오래 남는다. 그러니 일러스트를 힌트 삼아 단어가 지닌 이미지를 널리 확장하기 바란다. 그러면 반드시 **문자로 암기하는 한계를 넘어설 수 있다.**

어원을 알아가는 과정은 단어 사이의 연결을 반복적으로 발견하는 일이다. company의 pan은 '먹는 빵', compare의 pare는 '짝', minute의 min은 미니어처의 '미니'이다. 책을 읽으며 이런 내용을 알아갈 때마다 무한한 흥미를 느낄 것이다. 호기심은 동기 부여의 원천이다. 이 책을 읽으면 분명히 학습이 즐거움으로 바뀔 수 있다.

2018년 4월 스즈키 히로시

이 책의 구성

❶ Chapter 1부터 Chapter 12까지 각 Chapter에 하나 혹은 동종의 접두사를 소개하고, 그 접두사의 의미를 설명한다. 가령 Chapter 1에서는 접두사 'ad-'를 들고, adventure와 address를 예로 든다.

❷ 앞서 소개한 접두사를 공유하는 6단어(adopt, admire, arrest, adapt, allure, allot)를 제시한다.

❸ 같은 접두사를 가진 단어(administer)를 소개하고, 그 단어에 사용된 어근(mini)을 설명한다.

❹ 앞서 소개한 어근(mini)을 공유하는 4단어(minister, minute, diminish, minor)를 제시한다.

이 책을 다 읽었을 무렵에는 어원 학습을 하는 데에 특히 중요한 12개 그룹의 접두사 103개와 아울러 그와 함께 소개된 103개의 어근, 그리고 그것을 포함한 단어를 이해할 수 있도록 했다. 지면에 게재한 어휘는 관련 어휘를 포함해서 약 1,000단어 정도인데, 중·고등학교에서 다루는 기본 단어도 다수 포함하고 있으므로 초보자도 스트레스 없이 몰두할 수 있다. 중급자 이상인 사람은 이미 습득한 어휘를 어원에 따라 정리하고, 더욱 확장할 수 있도록 도와줄 것이다.

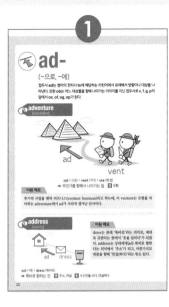

ad-
(~으로, ~에)

접두사 ad는 영어의 전치사 to에 해당하는 라틴어에서 유래해서 방향이나 대상을 나타낸다. 또한 ob는 to에 대상을을 향해 나아가는 이미지를 지닌 접두사로 c, f, g, p의 앞에서 oc, of, og, op가 된다.

adventure
[어드벤처]

ad (~으로) + vent (가다) + ure (명사)
➡ 우리가를 함께 나아가는 일 명 모험

어원 메모
투기적 사업을 벤처 비즈니스(venture business)라 하는데, 이 venture의 모험을 의미하는 adventure에서 ad가 사라져 생겨난 단어이다.

address
[어드레스]

ad (~에) + dress (똑바르다)
➡ 똑바로 향하는 것 명 주소, 연설 동 수신인을 쓰다, 연설하다

어원 메모
dress는 본래 '똑바로'라는 의미로, 제대로 갖춘다는 뜻에서 '옷을 입히다'가 되었다. address는 상대에게(ad) 똑바로 향한다는 의미에서 '주소'가 되고, 바른가지로 대상을 향해 '연설(하다)'가 뜻도 있다.

접두사 ad는 다음과 같은 단어처럼 뒤에 이어지는 어근에 따라 ac, ap, at, ar, al 등으로 변하며, 단순히 a로도 변하기도 한다.

adopt
[어답트]

ad (~으로) + opt (고르다)
동 ~으로 고르다 동 양자로 삼다, 채용하다

admire
[어드마이어]

ad (~에) + mire (놀라다)
➡ ~를 보고 놀라다 동 탄복하다, 감탄하다

arrest
[어레스트]

ar(ad) (~으로) + re (뒤로) + st (서다)
➡ 뒤로 서게 하다 동 체포하다 명 체포

adapt
[어댑트]

ad (~으로) + apt (맞추다)
➡ 적절한 상태로 맞추다 동 적응시키다, 채용하다

allure
[얼루어]

al (~으로) + lure (미락, 이끌)
➡ 이끌림 동 (미끼로) 꾀다, 유혹하다 명 유혹

allot
[얼랏]

al (ad) (~에) + lot (추첨, 할당)
➡ 할당을 주다 동 할당하다

Chapter 1 ad- (~으로, ~에)

1-1   mini = 작은

administer
[어드미니스터]

ad (~에) + minister (봉사하다, 시중들다)
➡ 국민에 봉사하다
동 다스리다, 집행하다

관련어휘 ➡ administration 명 행정, 관리, 정부, 청권
administrative 형 행정의, 관리의

The teacher administered **corporal punishment.**
그 교사는 체벌을 가했다

We are sick and tired of the Trump administration.
트럼프 정권에 진절머리가 난다

어원 메모
레스토랑에 있는 메뉴(menu)는 본래 '가게의 모든 요리를 하나로 작게 정리했다'는 뜻이다. mini가 들어간 단어로 미니어처(miniature)가 있는데 실물보다 작게 축소한 모형을 뜻한다.

minister
[ministər]
명 장관, 목사 동 내다 (정부의 각 부처)
minister 명 섬기다

mini (작은) + ster (사람)
➡ (국민을) 섬기는 작은 사람

The Prime Minister is to visit America **next week.**
국무총리는 다음 주에 미국을 방문할 예정이다

minute
[máinju:t] 형 미세한, 면밀한
[mínit] 명 분(分), 순간

mini (작은) + ute (~가 되다)
➡ 작게 된

There is a minute **difference between the two.**
둘 사이에는 미세한 차이가 있다

diminish
[dimíni]
동 감소하다, 적어지다

di (완전히) + min (작은) + ish (동사)
➡ 작아지다

His influence has diminished **with time.**
그의 영향력은 시간이 지남에 따라 작아졌다

minor
[máinər]
형 작은 편의, 덜 중요한
명 미성년자
minority 명 소수

min (작은) + or (~보다)
➡ 더 작은

He suffered minor **injuries in the accident.**
그는 그 사고로 경상을 입었다

contents

Chapter 1 ad- (~으로, ~에)

Chapter 2 con-, com-, co- (함께)

Chapter 3 de- (떨어져, 아래로)

Chapter 4 sub- (아래에, 가까운)

Chapter 5   sur-, super- (위에, 넘어서)

Chapter 6   ex- (밖에)

Chapter 7   pro-, pre-, for- (미리, 앞에)

Chapter 8 re- (다시, 원래, 뒤에)

Chapter

1

ad-

(~으로, ~에)

ad-

(~으로, ~에)

접두사 **ad**는 영어의 전치사 **to**에 해당하는 라틴어에서 유래해서 방향이나 대상을 나타낸다. 또한 **ob**는 어느 대상물을 향해 나아가는 이미지를 지닌 접두사로 **c, f, g, p**의 앞에서 **oc, of, og, op**가 된다.

adventure
【ədvéntʃər】

ad

vent

ad (~으로) + **vent** (가다) + **ure** (명·접)
➡ 무언가를 향해서 나아가는 일 　명　모험

어원 메모

참신한 투자 사업을 벤처 비즈니스(venture business)라고 하는데, 이 venture는 모험을 의미하는 adventure에서 ad가 사라져 생겨난 단어이다.

---

address
【ədrés】

ad　dress

어원 메모

dress는 본래 '똑바로'라는 의미로, 제대로 갖춘다는 뜻에서 '옷을 입히다'가 되었다. address는 상대에게(ad) 똑바로 향한다는 의미에서 '주소'가 되고, 마찬가지로 대중을 향해 '연설(하다)'라는 뜻도 있다.

ad (~에) + **dress** (똑바로)
➡ 똑바로 향하는 것 　명　주소, 연설 　동　수신인을 쓰다, 연설하다

접두사 ad는 다음과 같은 단어처럼 뒤에 이어지는 어근에 따라 ac, ap, at, ar, al 등으로 변하며, 단순히 a로 변하기도 한다.

adopt
【ədápt】

ad (~으로) + opt (고르다)
➡ ~으로 고르다
동 양자로 삼다, 채용하다

admire
【ədmáiər】

ad (~에) + mire (놀라다)
➡ ~을 보고 놀라다
동 탄복하다, 감탄하다

arrest
【ərést】

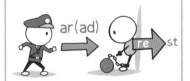

a(r) (~으로) + re (뒤로) + st (서다)
➡ 뒤로 서게 하다
동 체포하다 명 체포

adapt
【ədǽpt】

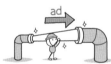

ad (~에) + apt (맞추다)
➡ 적합한 상태로 맞추다
동 적응시키다, 적응하다

allure
【əlúər】

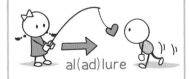

al (~으로) + lure (매력, 미끼)
➡ 미끼로
동 (미끼로) 꾀다, 유혹하다 명 유혹

allot
【əlάt】

al (~에) + lot (추첨, 할당)
➡ 할당을 주다
동 할당하다

1-1　　mini = 작은

administer

【ədmínəstər】

ad (~에) + **minister** (봉사하다, 시중들다)

➡ 국민에 봉사하다

동 다스리다, 집행하다

관련어휘 ➡ **administration** 명 행정, 관리, 정부, 정권
administrative 형 행정의, 관리의

The teacher administered corporal punishment.
그 교사는 체벌을 가했다.

We are sick and tired of the Trump administration.
트럼프 정권에 진절머리가 난다.

어원 메모

레스토랑에 있는 메뉴(menu)는 본래 '가게의 모든 요리를 하나로 작게 정리했다'는 뜻이다. mini가 들어간 단어로 미니어처(miniature)가 있는데 '실물보다 작게 축소한 모형'을 뜻한다.

mini (작은) + ster (사람)
→ **(국민을) 섬기는 작은 사람**

minister

【mínəstər】

명 장관, 목사

ministry 【명】 내각, (정부의 각) 부처

The Prime Minister is to visit America next week.

국무총리는 다음 주에 미국을 방문할 예정이다.

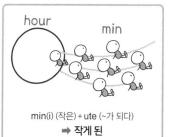

min(i) (작은) + ute (~가 되다)
→ **작게 된**

minute

형 【mainjú:t】 미세한, 면밀한
명 【mínit】 분(分), 순간

There is a minute difference between the two.

둘 사이에는 미세한 차이가 있다.

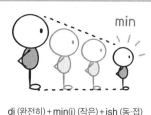

di (완전히) + min(i) (작은) + ish (동·접)
→ **작아지다**

diminish

【dimíniʃ】

동 감소하다, 작아지다

His influence has diminished with time.

그의 영향력은 시간이 지남에 따라 작아졌다.

min(i) (작은) + or (~보다)
→ **더 작은**

minor

【máinər】

형 작은 편의, 덜 중요한
명 미성년자

minority 【명】 소수

He suffered minor injuries in the accident.

그는 그 사고로 경상을 입었다.

1-2　voc, vok, vouch = (목)소리, 부르다

advocate

ad (~으로) + **voc** (소리) + **ate** (동·접)

➡ ~을 성원하다

동 【ǽdvəkèit】 **옹호하다, 지지하다**

명 【ǽdvəkət】 **옹호자, 지지자**

They advocated reducing the military budget.
그들은 군사 예산 삭감을 옹호했다.

He was a strong advocate for educational improvements.
그는 교육 향상을 위한 강력한 지지자였다.

어원 메모

밴드 연주에서 노래 파트를 보컬(vocal)이라고 하고, 노래하는 사람을 보컬리스트(vocalist)라고 한다. voice(목소리)나 vocabulary(어휘) 등도 같은 어원에서 생겨난 단어이다.

vocation

voc (목소리) + ation (명·접)
➡ 신의 목소리로 정한 직업

【voukéiʃən】
명 직업, 천직
vocational **형** 직업상의

At last he found a vocation as a writer.
마침내 그는 작가로서의 직업을 발견했다.

---

avocation

a(b) (~에서 떨어져) + vocation (직업)
➡ 직업에서 동떨어지는 일

【ӕvəkéiʃən】
명 취미, 여가, 활동, 부업

His avocation is playing the guitar.
그의 취미는 기타 연주이다.

---

equivocal

equi (같은) + voc (소리) + al (형·접)
➡ 같은 목소리의

【ikwívəkəl】
형 애매한, 불분명한, 어정쩡한
equivocate **동** 말끝을 흐리다

She gave an equivocal answer.
그녀는 애매한 대답을 했다.

---

vow

➡ 신의 이름을 부르다

【váu】
동 맹세하다
명 맹세

He vowed that he'd never smoke.
그는 금연을 맹세했다.

1-3 mon= 보이다, 경고하다

admonish

【ədmániʃ】

ad

ad (~으로) + **mon** (보이다, 경고하다) + **ish** (동·접)

➡ 인류에게 (괴물을) 보이다

동 경고하다, 충고하다

관련어휘 ➡ **admonition** 명 경고, 충고

> **She** admonished **her son for eating too quickly.**
> 그녀는 아들에게 너무 빨리 먹는 것에 대해 훈계했다.

> **His** admonition **was of no use to her.**
> 그의 경고는 그녀에게 아무 소용이 없었다.

어원 메모

옛날에 인류의 악행을 상기시키기 위해 신이 경고의 의미로 monster(괴물)를 창조했다는 이야기가 있다. monster는 「mon(나타내다) + ster(것)」에서 경고의 의미를 지니게 되었다.

monit (보이다, 경고하다) + or (사람)
➡ 보는 사람

monitor

【mánətər】

[명] 모니터, (학급) 반장

[동] 체크하다, 감시하다

The nurse monitored the patient's pulse.

간호사가 환자의 맥박을 체크했다.

de (완전히) + monst(r) (보이다, 경고하다)
+ ate (동·접)
➡ 확실히 보이게 하다

demonstrate

【démənstrèit】

[동] (시연하며) 설명하다, 증명하다, 시위를 벌이다

demonstration [명] 시위, 시범 판매

They demonstrated for a pay raise.

그들은 임금 인상을 위해 시위를 벌였다.

sum(sub) (아래에) + mon (경고하다)
➡ 은밀히 경고하다

summon

【sʌ́mən】

[동] 소환하다, 부르다, 명령하다

summons [명] 출두 명령서, 소환장, 소집

He summoned the waitress for the bill.

그는 계산서 때문에 종업원을 불렀다.

➡ monster의 변형으로
병역의 명령을 나타내다

muster

【mʌ́stər】

[동] 소집하다, 불러일으키다

[명] 소집, 점호

Passengers were mustered to the lifeboats.

승객들은 구조선으로 소집되었다.

1-4　　just, jur= 올바른, 법

adjust

【ədʒʌ́st】

just

ad (~으로) + **just** (올바른)

➡ 올바른 방향으로 바로잡다

동 조절하다, 적합하게 하다, 조정하다

관련어휘 ➡ **adjustable** 형 조절할 수 있는
　　　　　adjustment 명 조절, 조정, 적응

Adjust the heat so that the soup doesn't boil.
수프가 끓지 않도록 불을 조절해라.

The height of the bicycle seat is adjustable.
그 자전거 안장의 높이는 조절할 수 있다.

어원 메모

just는 본래 '정확히', '올바른'이라는 뜻이다. 법에 따라 올바른 판단을 하는 사람(재판관)은 jurist, judge이다.

jur (올바른) + y (집단)
➡ 올바른 집단

jury

【ʤú(ə)ri】

명 배심, 배심원단, 심사위원단

juror **명** 배심원

The jury found her not guilty.

배심원단은 그녀에게 무죄 판결을 내렸다.

just (올바른) + ice (명·접)
➡ 올바른 것

justice

【ʤʌ́stis】

명 공평, 정의, 정당성, 재판

injustice **명** 불공평, 부정

There is no justice in his claim.

그의 주장에는 정당성이 없다.

just (올바른) + ify (동·접)
➡ 올바르게 하다

justify

【ʤʌ́stəfài】

동 정당화하다, 근거가 되다

justification **명** 정당화

The end justifies the means.

목적은 수단을 정당화한다(끝이 좋으면 다 좋다).

pre (미리) + jud (판단하다) + ice (명·접)
➡ 미리 판단하는 것

prejudice

【préʤədis】

명 편견

동 편견을 갖다

He is prejudiced against foreigners.

그는 외국인에 대해 편견을 갖고 있다.

1-5 point, punct, pung(e) = 점, 가리키다, 찌르다

ap**point**

【əpóint】

ap(ad)

point

a(p) (~으로) + **point** (가리키다)

➡ ~으로 가리키다

동 지명하다, 임명하다, 지정하다

관련어휘 ➡ **appointment** 명 (업무 관련) 약속, 지명, 임명

He was appointed captain of the team.
그는 팀의 주장으로 지명되었다.

I have an appointment with Mr. Curie at 3.
나는 3시에 Mr. Curie와 약속이 있다.

어원 메모

point는 본래 '뾰족한 끝', '점'이라는 뜻이며, 동사로는 '~을 가리키다', '~을 지적하다'라는 의미이다. 아주 작은 점으로 정확한 위치를 나타내는 것은 pinpoint, 문장의 중간이나 마지막에 찍는 점은 punctuation mark(구두점)라고 한다. 뾰족한 못으로 타이어를 찌르면 펑크(puncture)가 난다.

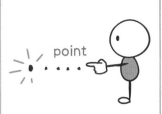

→ 한 점을 가리키다

point

【pɔ́int】

명 점, 요점, 뾰족한 끝
동 지적하다, 손가락질 하다

Don't point your finger at me.
내게 손가락질 하지 마.

dis (아닌) + appoint (지명하다)
→ 지명하지 않다

disappoint

【dìsəpɔ́int】

동 실망시키다, 낙담시키다
disappointment 명 실망

I was very disappointed at the decision.
나는 그 결정에 매우 실망했다.

punct (가리키다) + ual (형·접)
→ 정확히 가리키고 있는

punctual

【pʌ́ŋktʃuəl】

형 시간을 지키는, 정확히 지키는

He is always punctual for an appointment.
그는 항상 약속 시간을 정확히 지킨다.

pung (찌르다) + ent (형·접)
→ 코를 찌르는 듯한

pungent

【pʌ́ndʒənt】

형 몹시 자극적인, 톡 쏘는, 신랄한

She likes the smell of pungent garlic.
그녀는 자극적인 마늘 냄새를 좋아한다.

1-6   tend, tens = 뻗다, 향하다

attend

【əténd】

at(ad) tend

tend

tend

a(t) (~으로) + tend (뻗다)

➡ ~으로 발을 뻗다

동 참가하다, 출석하다, 주의하다

관련어휘 ➡ attention 명 주의, 보살핌
attendant 명 시중[수발]드는 사람, 안내원 형 수행하는, 따르는

Only 10 people attended **the meeting.**
10명만이 회의에 참석했다.

She paid no attention **to me.**
그녀는 내게 관심을 기울이지 않았다.

어원 메모

tension은 긴장한 마음 상태, 즉 '긴장'을 나타내고, 형용사 tense는 '긴장한', '긴박한'이라는 의미가 된다. tender는 '뻗어서 얇아진 상태'로부터 '부드러운'이라는 의미의 형용사, 혹은 기분이나 배려로 '성향이 있는(tend) 사람(er)'이라는 점에서 '돌보는 사람'이라는 의미가 된다.

tend

【ténd】

동 ~하는 경향이 있다, ~으로 향하다
tendency **명** 경향

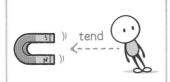

→ ~로 향하는 경향이 있다

Prices are tending upward.
물가가 위로 향하고 있다(오르고 있다).

---

extend

【iksténd】

동 연장하다, 넓히다, 펴다
extension **명** 확장, (기간의) 연장, 범위
extent **명** 범위, 정도, 한도

ex (밖으로) + tend (뻗다)
→ 밖으로 펴다

The peacock is extending its wings.
공작이 자신의 날개를 펼치고 있다.

---

contend

【kənténd】

동 다투다, 경쟁하다
contention **명** 싸움, 언쟁, 논점

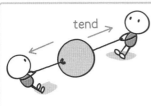

con (함께) + tend (뻗다)
→ 서로 겨루다[경쟁하다]

They contended with each other in the contest.
그들은 시합에서 서로 경쟁했다.

---

pretend

【priténd】

동 ~인 척하다
pretense **명** 겉치레

pre (앞에서) + tend (펴다)
→ 상대편 앞에서 펼쳐 보이다

She pretended to be a high school student.
그녀는 고등학생인 척했다.

1-7   cure, care = 보살핌, 주의

ac**curate**

【ǽkjərət】

a(c) (~으로) + **cur** (보살핌, 주의) + **ate** (형·접)

➡ 주의를 기울이는 ➡ 틀린 것이 없는

형 **정확한, 정밀한**

관련어휘 ➡ **accuracy** 명 정확도, 정밀도

His biological clock is pretty accurate.
그의 생체 시계는 꽤 정확하다.

His calculating accuracy surprised everyone.
그의 계산 정확도는 모든 사람을 놀라게 했다.

어원 메모

careless(부주의한)는 분해하면 「care(주의) + less(없는)」가 된다.
carefree는 「care(걱정) + free(없는)」에서 '걱정 없는'이라는 의미가 된다.

cur (주의) + ious (형·접)

➡ 의사가 환자를 돌보다

cure

【kjúər】

동 치료하다, 제거하다

명 치료법, 해결책

There's no cure for a broken heart.

상처 받은 마음에 대한 치료법은 없다.

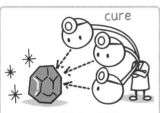

cur (주의) + ious (형·접)

➡ 주의로 가득 찬

curious

【kjú(ə)riəs】

형 호기심이 많은

curiosity 명 호기심, 골동품

She is curious to know what's in the box.

그녀는 상자 안에 무엇이 있는지 알고 싶어 한다.

se (~가 없는) + cure (주의)

➡ 주의할 필요가 없는

secure

【sikjúər】

형 안전한, 불안하지 않은, 확실한

동 확보하다

security 명 안전, 경비, 유가 증권(securities)

Keep your money in a secure place.

돈을 안전한 장소에 보관해라.

s (= ex) (밖으로) + cour (보살핌)

➡ 수고를 들여 더러움을 제거하다

scour

【skáuər】

동 문질러서 닦다, 북북 씻다

She is scouring out the pans.

그녀는 팬들을 문질러서 닦고 있다.

1-8   chief, cap, cup = 머리, 잡다

achieve

【ətʃíːv】

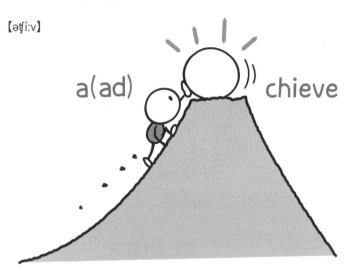

a(ad)   chieve

a (~으로) + **chief** (머리, 정점)
➡ 꼭대기에 올라서다
동 완수하다, 달성하다

관련어휘 ➡ **achievement** 명 달성, 업적

> **She finally achieved her goal of becoming a singer.**
> 그녀는 마침내 가수가 되는 목표를 달성했다.

> **I'm very proud of my son's achievements.**
> 나는 내 아들의 업적이 매우 자랑스럽다.

어원 메모

머리에 쓰는 모자 cap은 라틴어 caput(머리)에서 유래된 표현이다. 캡틴(captain)은 조직의 머리(우두머리)가 되는 사람이라는 의미에서 '선장', '기장', '주장' 등을 가리키는데, cap의 변형이 chief(장)이고 주방장은 chef가 된다.

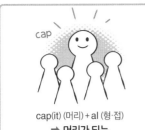

cap(it) (머리) + al (형·접)
➡ 머리가 되는

capital

【kǽpətl】 **명** 수도, 자본(금)
형 대문자의, 가장 중요한, 자본의
capitalize **동** 대문자로 쓰다, 자본화하다
capitalist **명** 자본가
capitalism **명** 자본주의

The company's logo is a large capital "C."
그 회사의 로고는 큰 대문자 C이다.

e(s) (밖으로) + cape (머리)
➡ (외투 등에 달린) 모자를 벗어 던지다

escape

【iskéip】
동 도망치다, 탈출하다
명 도망, 탈출

The tiger escaped from the cage.
호랑이가 우리에서 탈출했다.

o(c) (~을 향해) + cup(y) (잡다)
➡ ~을 잡다

occupy

【ákjupài】
동 차지하다, 점거하다, 종사하다
occupation **명** 직업, 점유, 점거

They occupied the empty house.
그들은 그 빈 집을 점거했다.

cap (잡다) + able (형·접)
➡ 잡을 수 있는

capable

【kéipəbl】
형 능력이 있는, ~을 할 수 있는
capability **명** 능력, 재능
capacity **명** (수용할 수 있는) 능력

The cat is capable of catching mice.
고양이는 쥐를 잡을 수 있다.

1-9 cept, ceive = 잡다

ac**cept**

【əksépt】

ac(ad)

a(c) (~으로) + **cept** (잡다)
➡ 자기 쪽으로 잡아내다
동 받아들이다, 받다

관련어휘 ➡ **acceptance** 명 수락
acceptable 형 용인되는, 만족스러운

I'm willing to accept your offer.
나는 당신의 제안을 기꺼이 받아들일 의향이 있다.

His behavior is not socially acceptable.
그의 행동은 사회적으로 용인되지 않는다.

어원 메모

앞에 이어서 어근은 '머리' 혹은 '잡다'의 의미인 cap이다. 이 cap은 형태를 바꾸어 cep이나 cept, ceive가 되기도 한다. 계산대에서 받는 영수증은 리시트(receipt), 상대의 서브를 받는 것은 리시브(receive), 손님을 극진히 받아들이는 연회는 리셉션(reception)이다.

concept

con (함께) + cept (잡다)
➡ 모두가 공통으로 잡고 있는 것

【kánsept】
명 개념, 관념

What's your concept of happiness?
당신의 행복의 개념은 무엇입니까?

---

except

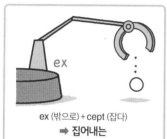

ex (밖으로) + cept (잡다)
➡ 집어내는

【iksépt】
전 ~을[를] 제외하고, ~ 이외는
exception **명** 예외

You can call me anytime except Wednesday.
수요일 이외는 언제든지 내게 전화해도 된다.

---

deceive

de (떨어져) + ceive (잡다)
➡ 움켜쥐다

【disí:v】
동 속이다, 기만하다
deceit **명** 거짓, 사기
deception **명** 사기, 속임

He deceived me into buying the vase.
그는 나를 속여서 그 꽃병을 사게 했다.

---

perceive

per (완전히) + ceive (잡다)
➡ 완전히 파악하다

【pərsí:v】
동 감지하다, 인지하다
perception **명** 지각, 이해력, 인식

I perceived a change in her behavior.
나는 그녀의 행동 변화를 감지했다.

1-10 sign＝표시

assign

【əsáin】

as(ad)

sign

a(s) (~으로) + **sign** (표시)

➡ 표시를 붙이다

동 할당하다, 지정하다

관련어휘 ➡ **assignment** 명 할당, 과제

The teacher assigned a lot of homework to them.
선생님은 그들에게 많은 숙제를 냈다.

Have you finished your assignment?
너는 숙제를 끝냈니?

어원 메모

'신호', '징후', '간판' 등의 의미가 있는 sign은 본래 '표시', '표시하다'라는 의미이다. 시그널(signal)도 '신호'라는 의미이다. 디자인(design)은 「de(밑에) + sign(표시하다)」로 구성되어 '밑그림', '도안', '설계하다' 등의 의미가 된다.

designate

de (아래에) + sign (표시) + ate (동·접)
➡ **아래에 표시하다**

【dézignèit】

동 표시하다, 지적하다, 지명하다, 지정하다,
　　~라고 부르다

designation 명 지정, 지명, 명칭

This is designated a national park.

이곳은 국립공원으로 지정되어 있다.

signify

sign (표시) + ify (동·접)
➡ **표시하다**

【sígnəfài】

동 나타내다, 의미하다

significant 형 의미 있는, 중대한

significance 명 의의, 의미, 중요성

I have no idea what the symbol signifies.

나는 그 기호가 뭘 의미하는지를 전혀 모르겠다.

resign

re (뒤에) + sign (표시)
➡ **서명하고 뒤로 물러나다**

【rizáin】

동 사임하다, 사직하다, 물러나다

resignation 명 사임, 사직

She had to resign from the company.

그녀는 회사에서 사임해야 했다.

consign

con (함께) + sign (표시)
➡ **상품에 표시를 붙여서 보내다**

【kənsáin】

동 발송하다, 인도하다

consignment 명 위탁 (판매)

Will you consign these goods to my office?

이 상품들을 제 사무실로 발송해 주시겠습니까?

1-11　serve, sert = 지키다, 섬기다

observe

【əbzə́:rv】

ob (~을 향해) + **serve** (지키다)

➡ ~을 지키다

동 관찰하다, 깨닫다, 지키다

관련어휘 ➡ **observation** 명 관찰, 감시
　　　　　observance 명 준수, 축하

I love to observe people at work.
나는 직장에서 사람들을 관찰하는 것을 좋아한다.

The crowd observed a minute's silence.
군중들은 1분간의 침묵을 지켰다.

어원 메모

serve는 본래 '노예로 섬기다'라는 뜻으로 '섬기다', '역할을 다하다', '(식사의) 시중을 들다' 등의 의미가 있고 명사형은 service(서비스), servant(하인)이다. 레스토랑에서 식후에 먹는 후식(dessert)은 분해하면 「des(아닌) + sert(섬기다)」가 되며, '하인의 손에서 떠난'이라는 의미에서 유래했다.

re (뒤에) + serve (지키다)
➡ 뒤에 두고 지키다

reserve

【rizə́:rv】
동 예약하다, 따로 잡아 두다
reservation 명 예약, 보호 구역
reserved 형 말없는, 사양하는, 내성적인, 예약한

I'd like to reserve a table for two.
나는 2인용 테이블을 예약하고 싶다.

con (완전히) + serve (지키다)
➡ 철저히 지키다

conserve

【kənsə́:rv】
동 보존하다, 보호하다, 아끼다
conservation 명 보호, 보존

Try to conserve water.
물을 아껴 쓰시오.

pre (미리) + serve (지키다)
➡ 미리 지키다

preserve

【prizə́:rv】
동 보존하다, 유지하다
preservation 명 보존, 저장

Salting preserves food from decay.
염장은 음식을 부패로부터 보존한다.

de (완전히) + serve (섬기다)
➡ 제대로 섬기다

deserve

【dizə́:rv】
동 ~을 받을 만하다, ~할 가치가 있다

She deserves to win the prize.
그녀는 상을 받을 만하다.

1-12   cur= 달리다, 흐르다

occur

【əkə́ːr】

oc (~을 향해) + **cur** (달리다)

➡ ~을 향해 달려오다

[동] 일어나다, 생기다, 떠오르다, 존재하다

관련어휘 ➡ **occurrence** [명] 일, 사건, 발생

When did the accident occur?
그 사고는 언제 일어났습니까?

Sugar occurs naturally in fruit.
당은 과일 속에 자연 발생적으로 존재한다.

어원 메모

강의 수로는 the course of a river, 인생의 행로는 the course of life인데, course 의 어원은 '달리다', '흐르다'에서 유래했다. 콘테스트(contest)와 같은 의미로 콩쿠르라 는 말이 있는데, 이것은 프랑스어의 concours에서 유래했으며, 본래 '함께(con) 달리다 (cours)'라는 뜻이다.

currency

【kə́:rənsi】

명 통화, 화폐, 유통

current 형 지금의, 통용되는 명 추세

I have no American currency on me.

나는 미국 화폐가 없다.

cur(r) (흐르다) + ency (명·접)
➡ 사회에 흐르고 있는 것

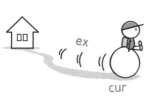

excursion

【ikskə́:rʒən】

명 소풍, 짧은 여행

We went to Sokcho on a school excursion.

우리는 수학 여행으로 속초에 갔다.

ex (밖에) + cur (달리다) + sion (명·접)
➡ 밖에서 달리는 일

recourse

【rikɔ́:rs】

명 의지, 의지하는 것

Surgery was the only recourse.

수술이 유일하게 의지할 수 있는 것이었다.

re (뒤에) + course (달리기)
➡ 뒤로 물러나는 것

recur

【rikə́:r】

동 재발하다, 반복되다

recurrence 명 재발

The same dream kept recurring for a week.

같은 꿈이 일주일 동안 계속 반복되었다.

re (다시) + cur (달리다)
➡ 다시 달려나가다

1-13 fend, fens, fest= 때리다, 치다

offend

【əfénd】

of (ob)　fend

of (~을 향해) + **fend** (치다)

➡ 상대를 치다

동 기분 상하게 하다, 불쾌감을 주다, 범죄를 저지르다

관련어휘 ➡ **offense** 명 위반, 역정, 공격
offensive 형 불쾌한, 싫은

I didn't mean to offend you.
나는 당신을 화나게 할 생각은 없었다.

No one will take offense if you leave early.
당신이 조퇴해도 누구도 화를 내지 않을 것이다.

어원 메모

울타리를 나타내는 펜스(fence)는 「de(떨어져) + fence(치다)」로 이루어진 defence(방어, 수비)에서 de가 사라진 것으로, 본래 '적을 물리치는 일'이라는 뜻이다. 이처럼 fence에는 '때리다', '치다'라는 의미가 있다.

de (떨어져) + fend (치다)
➡ 치고 적을 멀리하다

defend

【difénd】

동 방어하다, 변호하다

defense 명 방어, 수비, 변호

defensive 형 방어의

You need a capable lawyer to defend you.

당신은 당신을 변호할 유능한 변호사가 필요하다.

de (떨어져) + fend (치다) + ant (사람)
➡ 밑에 쓰러진 사람

defendant

【diféndənt】

명 피고(인)

The defendant pleaded not guilty.

그 피고인은 무죄를 주장했다.

mani (손) + fest (칠 수 있는)
➡ 손으로 쳐서 만지는

manifest

【mǽnəfèst】

형 분명한, 명백한

동 분명해지다, 나타나다

His devotion to God is manifest.

하나님에 대한 그의 헌신은 분명하다.

in (아닌) + fest (치다)
➡ 치지 않고 두다

infest

【infést】

동 만연하다, 난무하다

The kitchen was infested with cockroaches.

부엌에는 바퀴벌레가 득실거렸다.

Chapter

2

con-, com-, co-

(함께)

con-, com-, co-
(함께)

접두사 co는 영어의 with나 together에 해당하는 라틴어에서 유래하여 '공동의, 상호의'라는 의미를 가진다. 또한 이것은 '완전히'라는 의미가 되기도 한다.

copilot
[kóupailət]

co (함께) + **pilot** (조종사, 파일럿)
➡ 명 부조종사

어원 메모

pilot은 '조종사', '수로 안내인' 등으로 번역되는데, 본래는 그리스어로 '키를 잡는 사람'에서 유래했다.

---

company
[kámpəni]

con(com)

어원 메모

빵은 포르투갈어인 pão에서 들어왔다고 하는데, 본래는 라틴어 panis(먹이를 주다)로 거슬러 올라간다. 이탈리아의 pasta (파스타)도 어원이 같다.

com (함께) + **pan** (빵) + **y** (명·접)
➡ 함께 빵을 먹는 사람 명 동료, 회사, 동석, 교제

접두사 co는 주로 모음이나 h, g, w의 앞에서 사용되고, l, m, n, r 등의 자음에 붙을 때는 col, com, con, cor의 형태가 된다.

coauthor
[kouɔ́:θər]

co (함께) + **author** (저자)
➡ 공동의 저자
명 공저자

coworker
[kòuwə́:rkər]

co (함께) + **work** (일하다) + **er** (사람)
➡ 함께 일하는 사람
명 동료

combine
[kəmbáin]

com

com (함께) + **bi** (둘) + **ine** (동·접)
➡ 둘을 함께 합치다
동 결합시키다(하다), 조합시키다
combination 명 결합, 조합

cooperate
[kouápərèit]

co

co (함께) + **operate** (일하다)
➡ 함께 일하다
동 협력하다   **cooperation** 명 협력
cooperative 형 협력적인

collaborate
[kəlǽbərèit]

col (함께) + **labor** (노동) + **ate** (동·접)
➡ 함께 일하다
동 공동으로 일하다, 공동 연구하다
collaboration 명 공동 (연구)

condense
[kəndéns]

con (완전히) + **dense** (짙다)
➡ 완전히 짙게 하다
동 농축하다

53

2-1   form = 형태

conform

【kənfɔ́ːrm】

con (함께) + **form** (형태)

➡ 같은 형태로 만들다

동 따르다, 순응하다, 일치하다

관련어휘 ➡ **conformity** 명 복종, 일치, 적합

Conform to the school regulations.
학교 규정을 준수하시오.

He continued to resist conformity.
그는 계속해서 복종에 저항했다.

어원 메모

uniform(제복), format(서식), formation(대형)에서 form은 기본적으로 '형태'를 나타낸다. 다만 집의 개축은 reform(리폼)이 아니라 renovation(리노베이션)이 올바른 표현이다.

form (형태) + ula (작은 것)
➡ 작은 형태

formula

【fɔ́:rmjələ】

명 공식, 상투적인 말

formulate 동 공식화하다, 조립하다

What formula is this for?

이것은 무슨 공식을 위한 것입니까?

re (다시) + form (형태)
➡ 형태를 고치다

reform

【rifɔ́:rm】

동 개혁하다, 개선하다

명 개혁, 개선

He decided to reform the tax system.

그는 세금 제도를 개혁하기로 결정했다.

in (안에) + form (형태)
➡ 머릿속에서 구상하다

inform

【infɔ́:rm】

동 알리다

information 명 정보, 지식

Who informed you of the news?

누가 당신에게 그 소식을 알렸습니까?

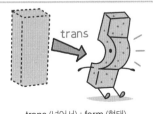

trans (넘어서) + form (형태)
➡ 형태를 변화시키다

transform

【trænsfɔ́:rm】

동 변형시키다

transformation 명 변형, 변화

She transformed the handkerchief into a pigeon.

그녀는 손수건을 비둘기로 바꾸었다.

2-2   tra(ct) = 끌다

con**tract**

con (함께) + **tract** (끌다)

➡ 서로 끌어당기다

명 【kántrækt】 계약

동 【kəntrækt】 계약하다, (병에) 걸리다, 수축하다

관련어휘 ➡ **contractor** 명 계약자, 토건업자
       contraction 명 수축

I already have a contract with a publisher for my next book.
나는 이미 내 다음 책을 위해 한 출판사와 계약을 맺었다.

In the 1980s, the economy contracted and many small businesses failed.
1980년대에 경제는 위축되었고 많은 소기업들이 파산했다.

어원 메모

트랙터(tractor)는 단독으로 움직일 수 없는 것을 끄는 '견인차'를 말하는데, 끌리는 차는 '트레일러(trailer)'라고 부른다. tract와 trail 모두 '끌다'라는 의미의 라틴어 trahere에서 유래했다.

a(t) (~으로) + tract (끌다)
➡ 끌어당기다

attract

【ətrǽkt】
동 끌어들이다, 유혹하다
attraction 명 매력, 끌어당기는 힘
attractive 형 매력적인

The park attracts millions of tourists each year.
공원은 매년 수백만 명의 관광객을 끌어들인다.

ab(s) (떨어져) + tract (끌다)
➡ 떼어 놓은 ➡ 끄집어 낸

abstract

【ǽbstrǽkt】
형 추상적인, 난해한
명 추상 (개념)
동 【æbstrǽkt】 요약하다, 끌어내다

Many people don't like abstract art.
많은 사람들은 추상적인 예술을 좋아하지 않는다.

ex (밖으로) + tract (끌다)
➡ 밖으로 끌다

extract

【ikstrǽkt】
동 꺼내다, 인용하다
명 【ékstræ̀kt】 진액

He had his wisdom tooth extracted.
그는 그의 사랑니를 뽑았다.

dis (떨어져) + tract (끌다)
➡ 떼어놓다

distract

【distrǽkt】
동 얼버무리다, 흩뜨리다
distraction 명 기분 전환, 마음이 들뜸

Don't distract me while I'm driving!
내가 운전하는 동안 나를 방해하지 마!

2-3 gre(ss), gree, grad = 나아가다, 단계

congress

【ká:ŋgrəs】

con

con (함께) + **gress** (가다)

➡ 모두 함께 가는 곳

명 회의, 대회, 국회

관련어휘 ➡ **congressional** 형 회의의, 국회의, 의회의

A medical congress will be held in Seoul next month.
의학 대회가 다음 달에 서울에서 개최될 것이다.

Congress has rejected the president's plan.
국회는 대통령의 계획을 거부했다.

어원 메모

호텔이나 항공사의 등급을 올리는 일을 upgrade(업그레이드)라고 한다. grade는 '등급', '단계'라는 의미이지만, 어원은 '가다', '나아가다'이다. 학교에서 사용하는 grade는 '학년', '성적'을 가리킨다.

58

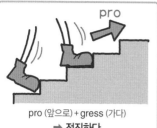

pro

pro (앞으로) + gress (가다)
➡ 전진하다

progress

동 【prəgrés】 진보하다, 전진하다
명 【prágres】 진보, 진행
progressive 형 진보적인, 점진적인

The yacht is making slow progress.
요트는 천천히 앞으로 가고 있다.

grad(u) (단계) + al (형·접)
➡ 단계를 거치는

gradual

【grǽdʒuəl】
형 점진적인
gradually 부 서서히

His English gradually improved.
그의 영어는 서서히 향상되었다.

grad(u) (단계) + ate (동·접)
➡ 단계를 마치다

graduate

【grǽdʒuèit】
동 졸업하다
명 【grǽdʒuət】 졸업생, 학사
graduation 명 졸업

He graduated from Oxford University.
그는 옥스퍼드 대학교를 졸업했다.

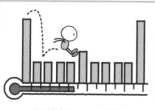

de (아래에) + gree (단계)
➡ 단계를 한걸음 내려감

degree

【digríː】
명 정도, 단계, (온도 단위인) 도, 학위

The temperature is about 40 degrees Celsius.
온도는 약 섭씨 40도이다.

2-4   fin= 끝나다

con**fine**

【kənfáin】

con (함께) **+ fin(e)** (끝나다)

➡ 같은 경계를 가지다

동 제한[한정]하다, 가두다   명 경계선, 범위

관련어휘 ➡ **confined** 형 한정된, 좁은, 틀어박힌
confinement 명 감금 (상태), 제한

Land fever is not confined to the U.S.
지열은 미국에 국한되지 않는다.

He is under confinement.
그는 감금되어 있다.

어원 메모

음악의 마지막 곡, 연극의 마지막 막을 피날레(finale)라고 표현하듯이 fin에는 '끝'이라는
의미가 있다. 결승전(finals)까지 남은 선수는 파이널리스트(finalist)라고 한다. 마라톤의
최종 지점은 골(goal)이 아니라 피니시(finish)이다.

define

【difáin】

동 정의하다, 한정하다

definition **명** 정의, 한정

How do you define the word "happiness"?

당신은 "행복"이라는 단어를 어떻게 정의합니까?

de (완전히) + fin(e) (끝나다)
➡ 완전히 끝내다
➡ 한계를 정하다

finance

【fáinæns】

명 재정, 재원

financial **형** 재정상의

He works for the Minister of Finance.

그는 재무부에서 일한다.

fin (끝나다) + ance (명·접)
➡ 빚을 갚는 일

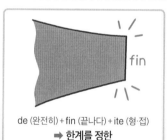

definite

【défənət】

형 명확한, 한정적인

definitely **부** 확실히, 분명히

Jane doesn't have any definite plans for the future.

Jane은 미래에 대한 어떤 확실한 계획도 가지고 있지 않다.

de (완전히) + fin (끝나다) + ite (형·접)
➡ 한계를 정한

infinite

【ínfənət】

형 무한의

The universe is infinite.

우주는 무한하다.

in (아닌) + fin (끝나다) + ite (형·접)
➡ 끝나는 일이 없는

2-5 sens, sent= 느끼다

con**sent**

【kənsént】

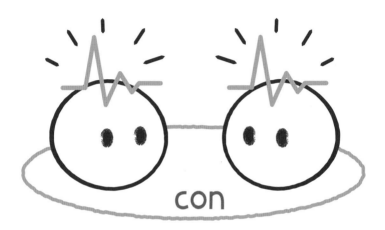

con (함께) + **sent** (느끼다)

➡ 함께 느끼다

동 **동의하다** 명 **동의, 허가, 일치**

He consented to an operation.
그는 수술에 동의했다.

He was chosen as chairperson by common consent.
그는 만장일치로 의장으로 선출되었다.

어원 메모

빛·열·소리 등에 반응하는 감지기를 센서(sensor)라고 한다. sens, sent는 '느끼다'를 의미하는 어원이다. sense는 '감각·지각', '자각', '양식', sensation은 '지각에 일으키는 돌풍', sentence는 '느끼는 의견을 말하다'라는 의미에서 '문장'이나 '판결'을 가리킨다.

resent

【rizént】

동 분개하다, 몹시 싫어하다

resentful 형 분개하는

She would never resent me for anything.

그녀는 어떤 일이 있어도 절대로 나를 원망하지 않을 것이다.

re (강하게) + sent (느끼다)

➡ 강한 감정을 느끼다

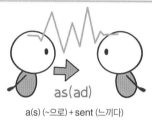

assent

【əsént】

동 동의하다, 찬성하다

명 동의, 찬성

She has given her assent to the proposals.

그녀는 그 제안에 찬성했다.

as(ad)

a(s) (~으로) + sent (느끼다)

➡ 상대방에게 공감하다

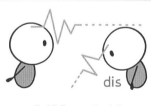

dissent

【disént】

동 반대하다

명 반대

She has given her dissent to the proposals.

그녀는 그 제안에 반대했다.

dis

dis (아닌) + sent (느끼다)

➡ 상대방에게 공감하지 않다

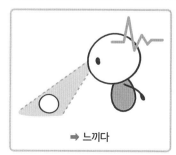

scent

【sént】

동 냄새를 맡다, (위험 등을) 감지하다, 향기를 풍기다

명 (좋은) 냄새, 향기

He scented danger and decided to leave.

그는 위험을 감지하고 떠나기로 결심했다.

➡ 느끼다

2-6   cre(ase), cru = 늘다, 자라다

concrete

【kánkri:t】

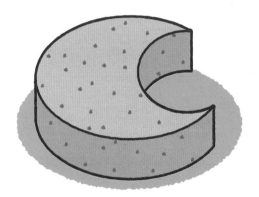

con (함께) + **crete** (자라다)
➡ 결합해서 단단해진
형 구체적인, 콘크리트제의
명 콘크리트   동 (콘크리트로) 굳히다

It is easier to think in concrete terms rather than in the abstract.
추상적인 말보다 구체적인 말로 생각하는 것이 더 쉽다.

Don't walk on the concrete until it has set.
콘크리트가 굳어질 때까지 그 위를 걷지 마시오.

어원 메모

음악 용어에서 소리를 점점 크게 하라는 기호는 크레셴도(crescendo)이고, 그 반대는 데크레셴도(decrescendo)이다. 접두사인 de는 나중에 언급하겠지만, '아래에', '떨어져'라는 의미가 있다. 초승달을 의미하는 crescent도 '증가하다'의 의미로 같은 어원에서 생겨났다. 달이 차고 기울어지는 모습에서 증감을 떠올려 보자.

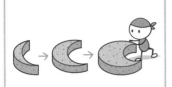

cre (자라다) + ate (동·접)
➡ 성장하다

create

【kriéit】 통 창조하다
creative 형 창조적인
creation 명 창조
creature 명 생물
creator 명 창조자

That singer created a new kind of music.
그 가수는 새로운 종류의 음악을 창조했다.

in (위로) + crease (자라다)
➡ 성장하다

increase

【inkrí:s】
통 증가하다
명 【ínkri:s】 증가

Prices increased by 10% in a year.
일 년에 물가가 10퍼센트 증가했다.

de (아래로) + crease (자라다)
➡ 아래로 자라다

decrease

【dikrí:s】
통 감소하다
명 【díkri:s】 감소

The population of this village is decreasing.
이 마을의 인구는 감소하고 있다.

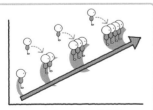

re (다시) + crui(t) (자라다)
➡ 재차 커지다

recruit

【rikrú:t】
통 강화하다, 권유하다

They recruited some new members to the club.
그들은 몇 명의 새로운 회원들에게 클럽의 입회를 권유했다.

2-7   pet(e), peat= 추구하다

compete

【kəmpíːt】

com

com (함께) + **pete** (추구하다)

➡ 함께 하나의 대상을 구하다

동 경쟁하다

관련어휘 ➡ **competition** 명 경쟁
competitive 형 경쟁력 있는

They competed with each other for the prize.
그들은 상을 놓고 서로 경쟁했다.

I'll enter the golf competition.
나는 골프 대회에 참가할 것이다.

어원 메모

같은 장소나 가게에 여러 번 방문하는 사람을 repeat customer 혹은 regular customer
라고 한다. repeater란 스포츠 경기에 다시 출전하는 사람이나 학점을 다시 이수하는 학생
을 뜻한다.

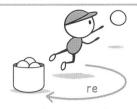

repeat

【ripíːt】

동 반복하다, 복창하다

repetition 명 반복, 복창

Don't repeat the same mistake.

같은 실수를 반복하지 마시오.

re (다시) + peat (추구하다)
➡ 여러 번 추구하다

appetite

【ǽpətàit】

명 식욕, 욕망

He has an enormous appetite.

그는 굉장한 식욕이 있다.

a(p) (~으로) + pet (추구하다) + ite (명·접)
➡ ~을 바라는 강한 마음

competent

【kámpət(ə)nt】

형 적임인, 유능한

competence 명 능력, 역량

He is competent to the task.

그는 그 일이 적임이다.

com (함께) + pet (추구하다) + ent (형·접)
➡ 서로 경쟁할 수 있는

petition

【pətíʃən】

명 탄원(서)

동 탄원하다

He signed a petition against animal abuse.

그는 동물 학대에 반대하는 탄원서에 서명했다.

pet (추구하다) + ition (명·접)
➡ 추구하는 것

2-8   quest, quire = 구하다

con**quest**

【kánkwest】

con (완전히) + **quest** (구하다)
➡ 상대방으로부터 모든 것을 완전히 구함
명 정복, 극복

관련어휘 ➡ **conquer** 동 정복하다, 극복하다

Who was the first person to conquer Mt. Everest?
에베레스트 산을 정복한 최초의 사람은 누구입니까?

The Norman Conquest took place in 1066.
노르만 정복은 1066년에 일어났다.

어원 메모

답을 구하는 질문과 의문은 question, 간단한 시험이나 쪽지 시험은 quiz인데, 후자는 라틴어 Qui es?(= Who are you?)에서 유래했다. 다양한 물음에 대답하는 앙케트는 프랑스어 enquête에서 유래했고, 영어로는 questionnaire라고 한다.

request

re (다시) + quest (구하다)
➡ 여러 번 구하다

【rikwést】
동 간청하다, 요구하다
명 요청

You are requested not to smoke here.

여기에서는 금연이 요구된다.

---

require

re (다시) + quire (구하다)
➡ 계속해서 구하다

【rikwáiər】
동 필요하다, 요구하다
requirement 명 필요한 것

You are required to wear a seat belt.

당신은 안전벨트를 착용해야 한다.

---

inquire

in (안에) + quire (구하다)
➡ 안에 들어가서 정보를 구하다

【inkwáiər】
동 묻다, 조사하다
inquiry 명 질문, 문의

The police inquired as to her whereabouts that night.

경찰은 그날 밤 그녀의 소재(행방)에 대해서 질문했다.

---

acquire

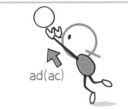

a(c) (~으로) + quire (구하다)
➡ ~을 구하다

【əkwáiər】
동 획득하다, 몸에 익히다
acquirement 명 획득, (노력해서 얻은) 재능

He spent $10 million to acquire the hall.

그는 그 홀을 얻기 위해 천만 달러를 썼다.

69

2-9   clude, close = 닫다

conclude

【kənklúːd】

con (완전히) + **clude** (닫다)

➡ 완전히 닫아 버리다

동 **결론을 내리다, 끝내다**

| 관련어휘 | ➡ **conclusion** 명 결론 |
| | **conclusive** 형 결정적인, 최종적인 |

The party was concluded with three cheers.
파티는 세 번의 환호로 끝났다.

We came to the conclusion that she was lying.
우리는 그녀가 거짓말을 하고 있다는 결론에 도달했다.

어원 메모

스포츠 시합에서 close game은 '접전'을 뜻하는데, 형용사 close에는 '가까운', '친밀한'
이라는 의미가 있다. 야구에서 closer는 구원 투수로 시합을 매듭짓는 사람을 말한다.

ex (밖으로) + clude (닫다)
➡ 밖에 놓고 닫다

exclude

【iksklú:d】

동 제외하다, 배제하다

exclusive 형 배타적인, 독점적인

exclusion 명 배제

He was exclude from the meeting.

그는 회의에서 제외되었다.

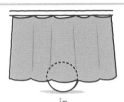

in (안으로) + clude (닫다)
➡ 안에 놓고 닫다

include

【inklú:d】

동 포함하다

including ~ 전 ~을 포함하여

The price is $100, including tax.

가격은 세금 포함 백달러이다.

en (안으로) + close (닫다)
➡ 에워싸다

enclose

【inklóuz】

동 두르다, 동봉하다

enclosure 명 포위, 동봉

Please enclose your résumé.

당신의 이력서를 동봉해 주십시오.

dis (아닌) + close (닫다)
➡ 닫지 않다

disclose

【disklóuz】

동 폭로하다, 밝히다

disclosure 명 폭로, 발각

The police disclosed the identity of the suspect.

경찰은 용의자의 신원을 밝혔다.

2-10 memor, min(d) = 마음, 기억

commemorate

【kəmémərèit】

com (함께) + **memor** (마음) + **ate** (동·접)

➡ 함께 마음에 담아 두다

[동] 축하하다, 기념하다, 추도하다

[관련어휘] ➡ **commemoration** [명] 축하, 기념, 축전
commemorative [형] 기념의 [명] 기념품

The company commemorated the 30th anniversary of its foundation.
그 회사는 창립 30주년을 축하했다.

His hobby is collecting commemorative stamps.
그의 취미는 기념 우표 수집이다.

어원 메모

영어에서 memo란 memorandum의 줄임말인데, 이것은 '사내의 연락 메모', '비망록'이라는 의미로 사용되며 우리가 사용하는 '메모'와는 다르다. 우리가 사용하는 메모는 note로 표현하며 memorial은 '(고인에 대한) 추도의' 의미로 사용된다.

remember

【rimémbər】

동 생각해내다, 기억하고 있다

remembrance 명 추억, 기억

Remember to mail this on your way to school.

학교 가는 길에 이것을 부치는 것을 기억해라.

re (다시) + mem(ber) (마음에 새겨두는)
➡ 마음에 되새기다

---

remind

【rimáind】

동 생각나게 하다

That song always reminds me of our first date.

그 노래는 항상 우리의 첫 데이트를 생각나게 해.

re (다시) + mind (마음)
➡ 마음에 다시 가져오다

---

memorize

【méməràiz】

동 암기하다

I have to memorize this poem by tomorrow.

나는 내일까지 이 시를 암기해야 한다.

memor (마음) + ize (동·접)
➡ 마음에 남기다

---

immemorial

【ìməmɔ́:riəl】

형 태고의

Markets have been held here from time immemorial.

옛날부터 여기에서 시장이 열려 왔다.

im (아닌) + memor (기억) + ial (형·접)
➡ 기억에 없는

2-11 pel, peal, pul= 몰다

compel

【kəmpél】

com (완전히) + **pel** (몰다)
➡ 강제로 시키다
동 억지로 시키다, 강요하다

관련어휘 ➡ **compulsory** 형 강제적인, 의무적인

The scandal compelled him to resign.
그 스캔들은 그를 사임하게 했다.

English is a compulsory subject in this country.
영어가 이 나라에서는 필수 과목이다.

어원 메모

의사나 간호사는 환자의 심장이 정상적으로 뛰는지 확인할 때 팔에 손을 대어 맥박을 짚는다. 이 맥박을 영어로 pulse라고 한다. '맥박이 뛰는 것'은 pulsate이며, '누르다'라는 의미인 push도 어원이 같다.

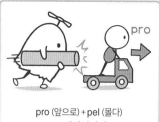

pro (앞으로) + pel (몰다)
➡ 전진시키다

propel
【prəpél】
동 추진하다, 움직이다

The movie propelled him to stardom.

그 영화는 그를 스타덤에 올려놓았다.

ex (밖으로) + pel (몰다)
➡ 밖으로 몰아내다

expel
【ikspél】
동 강제로 퇴거시키다, 쫓아내다, 제명하다

He was expelled from school for smoking.

그는 흡연으로 학교에서 퇴학당했다.

re (뒤로) + pel (몰다)
➡ 다가오지 못하게 하다

repel
【ripél】
동 쫓아버리다, 격퇴하다
repellent 형 너무 싫은, 격퇴하는 명 방충제

Cedar candles are used to repel insects.

향나무 초들은 곤충들을 쫓는데 사용된다.

im (안으로) + pulse (몰다)
➡ 안으로 내모는 일

impulse
【ímpʌls】
명 충동, 동기
impulsive 형 충동적인

His first impulse was to catch the ball.

그의 첫 번째 충동은 그 공을 잡는 것이었다.

2-12 rupt = 무너지다

co**rrupt**

【kərʌpt】

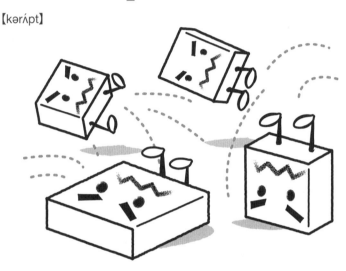

co(r) (완전히) + **rupt** (무너지다)

➡ 완전히 무너지다

형 타락한, 부정한   동 타락시키다, (뇌물로) 매수하다

관련어휘 ➡ **corruption** 명 매수, 부패, 타락

> **Corrupt judges have taken millions of dollars in bribes.**
> 부정한 판사들은 뇌물로 수백만 달러를 받았다.

> **Sex and violence on TV led to the corruption of young people.**
> TV에서의 성과 폭력은 젊은이들의 타락으로 이어졌다.

어원 메모

미국의 로스앤젤레스와 시카고를 연결하는 간선도로의 명칭은 Route 66인데, 짝수 번호는 동서로, 홀수 번호는 남북으로 달리는 길을 나타낸다. route는 본래 rupt와 어원이 같으며, 숲을 헐어 닦은 길을 말한다.

bankrupt

bank (은행) + rupt (무너지다)
➡ 은행이 무너진

【bǽŋkrʌpt】

형 파산한, (정신적으로) 파탄한

bankruptcy 명 파산, 파탄

In 2000, he was declared bankrupt.
2000년에 그는 파산 선고를 받았다.

---

abrupt

ab (떨어져) + rupt (무너지다)
➡ (갑자기) 쓰러진

【əbrʌ́pt】

형 뜻밖의, 갑작스러운

The bus came to an abrupt halt.
그 버스는 갑작스런 정지를 했다.

---

interrupt

inter (사이에) + rupt (무너지다)
➡ 사이를 부수고 들어가다

【intərʌ́pt】

동 훼방을 놓다, 방해하다

interruption 명 훼방, 방해

Can I interrupt for a second?
잠깐 실례해도 될까요?

---

erupt

e (밖으로) + rupt (무너지다)
➡ 밖으로 터져 나오다

【irʌ́pt】

동 분화하다, 폭발하다, (전쟁 등이) 발발하다

eruption 명 분출, 폭발

The volcano erupted last year.
그 화산은 작년에 폭발했다.

Chapter

3

de-

(떨어져, 아래로)

de-

(떨어져, 아래로)

접두사인 **de**는 **di(s)**와 마찬가지로 '분리', '아래로', '부정' 등을 표현하는 라틴어에서 유래했는데, 그 자리에서 소실하는 이미지에서 '완전히'라는 의미로 사용하기도 한다.

derive
【diráiv】

de (아래로) + **river** (수원)
➡ 수원으로부터 물을 끌어내다　**동** 유래하다, 끌어내다

어원 메모

'강'을 가리키는 river는 본래 '강가'라는 의미이고, rival(라이벌)은 '강의 양쪽 물가에 사는 사람'이라는 뜻이다. arrive도 '물가를 향하다'에서 생겨났다.

---

deprive
【dipráiv】

어원 메모

'사적인 용도의', '개인의'라는 의미인 private에 분리를 나타내는 de가 붙어서 생긴 단어이다. '특권'을 가리키는 privilege는 「priv(i)(개인의) + leg(e)(법)」에서 유래했다.

de (떨어져) + **private** (개인의)
➡ 개인에게서 떼어놓다　**동** 빼앗다

delay
[diléi]

de (떨어져) + lay (두다)
➡ 떨어뜨려 두다
동 늦추다, 꾸물거리다
명 연기, 지연

degrade
[digréid]

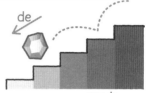

grade

de (아래로) + grade (단계) ⇒ p.58 참조
➡ 단계를 낮추다
동 지위를 낮추다, 품위를 떨어뜨리다

deforestation
[difàristéiʃ(ə)n]

forest

de (떨어져) + forest (삼림) + ation (명·접)
➡ 삼림이 없어지는 것
명 삼림 벌채

declare
[diklέər]

clear
clear

de (완전히) + clare (명백히)
➡ 완전히 밝히다
동 선언하다, 신고하다

defrost
[difró:st]

de (떨어져) + frost (서리)
➡ 서리가 떨어지다
동 해동하다

deform
[difó:rm]

de (떨어져) + form (형태) ⇒ p.54 참조
➡ 본래의 형태에서 벗어나다
동 변형시키다

81

3-1   cide, cise = 자르다

decide

【disáid】

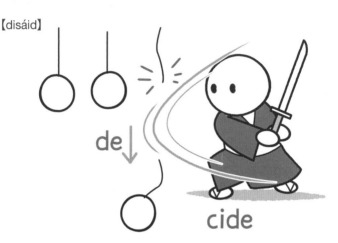

de (떨어져) + **cide** (자르다)

➡ 잘라서 떼어내다

동 결심하다, 결정하다

관련어휘 ➡ **decision** 명 결심, 결정
decisive 형 결정적인, 명백한

She's decided to study abroad.
그녀는 해외에서 공부하기로 결심했다.

Her answer was a decisive "no."
그의 대답은 명백한 "아니오"였다.

어원 메모

계획적인 대량 학살을 제노사이드(genocide)라고 한다. gen은 '종', '생명'을 의미하는 어근으로 genocide는 '종(geno)을 자르다(cide)'에서 생겨난 단어이다. 살충제는 pesticide나 insecticide, 제초제는 herbicide, 살균제는 bactericide나 germicide, 낙태는 feticide라고 한다.

con (완전히) + cise (자르다)
➡ 쓸데없는 것을 완전히 잘라낸

concise

【kənsáis】

형 간결한, 간단명료한, 간추린

Make a concise summary of this report.

이 보고서에 대한 간결한 요약을 하시오.

sui (자신) + cide (자르다)
➡ 자신을 베는 일

suicide

【súːəsàid】

명 자살

It is said he committed suicide.

그가 자살했다고 한다.

pre (앞에) + cise (자르다)
➡ 미리 잘라 놓은

precise

【prisáis】

형 정확한, 정밀한, 바로 그…
precisely 부 정확히, 딱

You have to follow a precise route.

당신은 정확한 경로를 따라야 한다.

sciss (자르다) + or (물건)
➡ 자르는 물건

scissors

【sízərz】

명 가위

Will you lend me your scissors?

가위를 제게 빌려줄 수 있나요?

3-2   bat = 치다

debate

【dibéit】

bate

de

de (아래로) + **bat(e)** (치다)

➡ 때려눕히다

동 토론하다   명 토론, 논의

There was a public debate on the tax reduction.
세금 감면에 대한 공개 토론이 있었다.

They debated whether to raise taxes.
그들은 세금 인상에 대해 토론했다.

어원 메모

야구에서 공을 치는 도구가 bat(배트)이고, 공을 치는 사람이 batter(타자)이듯이 어근인 bat에는 '치다'라는 의미가 있다. 콘서트에서 지휘자가 흔드는 baton(지휘봉)도 같은 어원에서 생겨난 단어이다.

bat

bat(t) (치다) + er (사람)
➡ 타자

batter

【bǽtər】

동 난타하다, 학대하다, 난폭하게 다루다
명 타자

As a child he was battered by his mother.
어렸을 때 그는 어머니에게 학대를 당했다.

bat

bat(t) (치다) + le (명·접)
➡ 서로 치는 일

battle

【bǽtl】

명 전투, 경쟁, 투쟁, 논쟁
동 싸우다
battlefield 명 전장(전쟁터)
battleship 명 전함

He was killed in a street battle.
그는 시가전에서 죽었다.

com

bat

com (함께) + bat (치다)
➡ 서로 치다

combat

【kámbæt】

동 싸우다
명 전투, 투쟁
combatant 명 전투 부대

He was killed in combat.
그는 전투에서 죽었다.

➡ 치다

beat

【bíːt】

동 이기다, 치다, 거품나게 하다

My team easily beat the opposition.
우리 팀은 상대 팀을 쉽게 이겼다.

3-3 part= 나뉘다, 부분

de**part**

【dipá:rt】

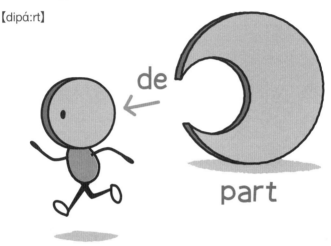

de (떨어져) + **part** (나뉘다)

➡ 붙어 있던 것이 나뉘다

동 **떠나다, 출발하다**

관련어휘 ➡ **departure** 명 떠남, 출발
  department 명 부문, 부(서), (사무)국, 학과

Flights for London depart from Terminal 1.
런던행 비행기는 1번 터미널에서 출발한다.

You should be at the airport an hour before departure.
당신은 출발 한 시간 전에 공항에 있어야 한다.

어원 메모

부품이나 전체 중의 일부를 part(파트)라고 하는데, partner(파트너)는 기쁨도 슬픔도 함께 '나누어 가지는 사람'을 뜻한다. party(파티)도 본래 '부분의 집합체'라는 뜻으로, '정당', '일행', '무리'라는 의미도 있다.

part (부분) + ial (형·접)
➡ 일부의

partial

【páːrʃəl】

형 부분적인, 편파적인, 매우 좋아하는
impartial 형 치우치지 않는, 공평한

She is partial to chocolate cake.
그녀는 초콜릿 케이크를 아주 좋아한다.

part(i) (부분) + cul (= cle 작은) + ar (형·접)
➡ 세세한 부분의

particular

【pərtíkjələr】

형 특별한, 특유의, 취향이 까다로운
particle 명 미립자, 극소량

She is particular about her clothes.
그녀는 옷에 대해 까다롭다.

part(i) (부분) + cip (잡다) + ate (동·접)
➡ 일부를 차지하다

participate

【paːrtísəpèit】

동 참가하다
participant 명 참가자
participation 명 참가

Many people participated in the contest.
많은 사람들이 대회에 참가했다.

port (부분) + ion (명·접)
➡ 일부가 되는 것

portion

【póːrʃən】

명 몫, 1인분, 일부

Can I have another portion?
제가 또 다른 것을 가질 수 있을까요?

3-4   press = 누르다

depress

【diprés】

de (아래로) + **press** (누르다)

➡ 눌러 내리다

동 눌러서 내리다, 낙담시키다, 하락시키다

관련어휘 ➡ **depression** 명 우울증, 불경기, 움푹 팬 땅
depressive 형 우울한, 우울증의

He felt depressed at the result of the exam.
그는 시험 결과에 낙담했다.

The country was in a deep depression in the 1980s.
그 나라는 1980년대에 깊은 불황에 빠져 있었다.

어원 메모

'누르다'라는 의미의 기본 동사 push와 press는 push가 눌러서 대상물이 움직이는 일에 대한 것이라면, press는 압력을 가해서 대상물을 변화시킨다는 점에서 차이가 있다. 팔 굽혀 펴기를 미국에서는 a push-up, 영국에서는 a press-up이라고 한다.

press

im (안으로) + press (누르다)
➡ **마음속을 누르다**

impress

【imprés】

동 인상을 주다, 감동시키다

impression 명 인상
impressive 형 인상적인

I was impressed by his paintings.

나는 그의 그림에 감명을 받았다.

press

ex

ex (밖으로) + press (누르다)
➡ **밖으로 밀어내다**

express

【iksprés】

동 표현하다

명 급행 (열차), 속달

expressive 형 표현이 풍부한
expression 명 표현

Will you send this package by express?

이 소포를 속달로 보내 주시겠습니까?

press

sup
(sub)

su(p) (아래로) + press (누르다)
➡ **아래로 억누르다**

suppress

【səprés】

동 억압하다, 억누르다

**He couldn't suppress his anger
any longer.**

그는 더 이상 화를 억누를 수 없었다.

press

o(p) (~에 대해) + press (누르다)
➡ **~에 대해 압력을 주다**

oppress

【əprés】

동 억압하다, 압박하다

**The people were oppressed by the
dictator.**

국민들은 독재자에게 억압당했다.

3-5 **tour, turn**= 구부러지다, 돌다

detour

【díːtuər】

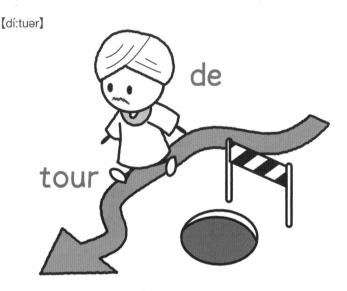

de

tour

de (떨어져) + **tour** (돌다)
➡ 멀리 돌아감
명 멀리 돌아감, 우회 동 우회하다

I took a detour to avoid the town center.
나는 시내 중심가를 피하려고 우회를 했다.

Obama detoured to Chicago for a special meeting.
오바마는 특별한 회의를 위해 시카고로 우회했다.

어원 메모

'U턴'이란 U자를 그리면서 도는 일인데, turn의 tur에는 '돌다', '돌리다'라는 의미가 있다. 여행을 가리키는 tour도 휙 돌아보고 오는 느낌이므로 그야말로 돌아다니면서 구경하는 여행이라고 할 수 있다. 인도 사람들이 머리에 두르는 터번(turban)도 아랍어에서 유래했지만 어원은 같다.

returnee

【ritəːníː】

명 강제 송환자, 귀국 자녀

There are many returnees in this school.

이 학교에는 많은 귀국 자녀가 있다.

re (다시) + turn (돌다) + ee (~받는 사람)
➡ 되돌려 보내진 사람

---

attorney

【ətə́ːrni】

명 변호사, 법정 대리인

I was made my father's attorney.

나는 아버지의 법정 대리인이 되었다.

a(t) (~으로) + torn (돌다) + ey (~되는 사람)
➡ ~쪽으로 돌아있는 사람

---

turnip

【tə́ːrnip】

명 순무(뿌리)

Add mushrooms, carrots, turnips, and celery.

버섯, 당근, 순무, 샐러리를 넣으세요.

➡ 뿌리가 둥근 것

---

contour

【kántuər】

명 윤곽(선)

He studied the contours of her face.

그는 그녀의 얼굴 윤곽을 유심히 보았다.

con (함께) + tour (돌다)
➡ 형태를 따라 도는 선

3-6　fic = 만들다

de**ficit**

【défəsit】

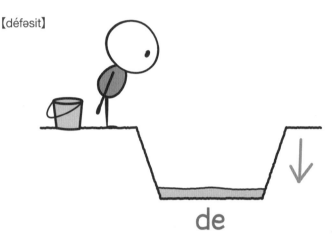

de

de (떨어져) + **fic** (만들다) + **it** (수동)

➡ 떨어지는 상태로 되게 함

명 부족(액), 적자, 열세

관련어휘 ➡ **deficient** 형 부족한

　　　　deficiency 명 부족, 결핍

The trade balance has been in deficit for the past few years.
무역 수지는 지난 몇 년간 적자를 보여 왔다.

Your diet is deficient in vitamins.
당신의 식단은 비타민이 부족하다.

어원 메모

science(과학)의 어원은 '아는 것'이지만, 형용사 scientific(과학적인)의 접미사 -ific은 '~화하다', '~로 하다'라는 의미를 나타낸다. 그 외에 terrific(아주 좋은), horrific(무시무시한), specific(특정한), pacific(평화로운) 등이 있다.

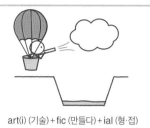

art(i) (기술) + fic (만들다) + ial (형·접)
➡ 기술로 만든

artificial

【àːrtəfíʃəl】

형 인공적인, 비현실적인

This ice cream contains no artificial colors.

이 아이스크림에는 인공적인 색소가 들어가지 않았다.

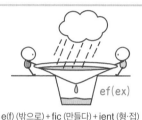

ef(ex)

e(f) (밖으로) + fic (만들다) + ient (형·접)
➡ 밖으로 나오게 하는

efficient

【ifíʃənt】

형 효율적인, 유능한

efficiency 명 능률

Service at this restaurant is efficient.

이 레스토랑의 서비스는 효율적이다.

bene (좋은) + fic (만들다) + ial (형·접)
➡ 잘 만들어진

beneficial

【bènəfíʃəl】

형 도움이 되는, 유익한

benefit 명 이익, 혜택

A daily glass of wine is beneficial to your health.

매일 한 잔의 포도주는 건강에 이롭다.

suf
(sub)

su(f) (아래로) + fic (만들다) + ient (형·접)
➡ 아래로 흘러내리게 만드는

sufficient

【səfíʃənt】

형 충분한

suffice 동 충분하다

She has sufficient money to buy a new house.

그녀는 새 집을 살 충분한 돈이 있다.

Chapter

4

sub-

(아래에, 가까운)

sub-
(아래에, 가까운)

접두사인 sub는 라틴어에서 '아래에', '가까운'이라는 의미가 있고, 뒤에 이어지는 문자에 따라 suc, suf, sug, sup, sus 등으로 변한다.

subway
[sʌ́bwei]

sub (아래에) + **way** (길)
➡ 아랫길 **명** 지하철, 지하도

어원 메모

영국에서 subway라고 하면 문자 그대로 '지하도'이지만, 미국에서는 '지하철'을 의미한다. 영국에서 지하철은 underground나 tube라고 한다.

submarine
[sʌ́bməri:n]

어원 메모

'바다의'라는 뜻인 marine은 라틴어에서 유래했다. 고기, 생선, 채소 등을 요리하기 전 식초나 올리브오일 등에 절여놓는 마리네이드(marinade)도 같은 어원에서 생겨난 단어이다.

sub (아래에) + **marine** (바다의)
➡ 바다 밑의 **명** 잠수함 **형** 해저의

subtitle
[sʌ́btaitl]

sub (아래에) + **title** (제목)
➡ 제목 아래에
명 부제, 자막

suburban
[səbə́:rbən]

sub (가까운) + **urban** (도시의)
➡ 도시에서 가까운
형 교외의

subcommittee
[sʌ́bkəmìti]

sub (아래에) + **committee** (위원회)
➡ 아래에 있는 위원회
명 소위원회

subtropical
[sʌbtrá:pikl]

sub (가까운) + **tropical** (열대의)
➡ 열대에 가까운
형 아열대의

subconscious
[sʌbkánʃəs]

sub (아래에) + **conscious** (의식의)
➡ 의식의 아래에
형 잠재의식의

subnormal
[sʌbnɔ́:rm(ə)l]

sub (아래에) + **normal** (표준의)
➡ 표준 이하의
형 표준 이하의

97

4-1   stitute = 서다

substitute

【sʌ́bstət(j)ùːt】

sub (아래에) + **stitute** (서다)

➡ 아래에 서 있다

[형] 대리의   [동] 대신으로 쓰다   [명] 대용품, 대리자

You can substitute margarine for butter.
당신은 버터 대신 마가린으로 쓸 수 있다.

She is working in this school as a substitute teacher.
그녀는 이 학교에서 대체 교사로 일하고 있다.

어원 메모

일본에서는 항상 출전할 수 있는 주전 선수 밑에 있는 후보 선수를 '서브'라고 부르는데, 이 것은 '대리', '대용'을 의미하는 substitute에서 만들어진 표현이다.

superstition

super (위에) + stition (서는 일)
➡ 경외심을 주는 물건 위에 서는 일

【sùːpərstíʃən】
명 미신
superstitious 형 미신의, 미신을 믿는

Do you believe in superstitions?
당신은 미신을 믿습니까?

institute

in (위에) + stitute (서다)
➡ 위에 세울 수 있는 것

【ínstət(j)ùːt】
명 (학)회, 협회, 연구소
동 제정하다, 실시하다
institution 명 기구, 학회, 관습

It was instituted in the time of Queen Victoria.
그것은 빅토리아 여왕 시대에 제정되었다.

constitute

con (함께) + stitute (서다)
➡ 함께 세우다

【kánstət(j)ùːt】
동 구성하다, 제정하다, 설립하다
constitution 명 헌법, 체질, 구성
constitutional 형 합헌의, 체질의

How many states constitute the U.S.A?
몇 개의 주가 미국을 구성하고 있는가?

destitute

de (떨어져) + stitute (서다)
➡ 서 있을 수 없는

【déstət(j)ùːt】
형 극빈의, 빈곤한, 부족한

The floods left many people destitute.
홍수로 많은 사람들이 빈곤해졌다.

4-2　　sta, stat= 서다

substance

【sʌ́bst(ə)ns】

sub (아래에) + **stance** (서는 것)

➡ 아래에서 지탱하고 있는 것

명 물질, 실체, 내용, 요지

관련어휘 ➡ **substantial** 형 실질적인, 실체가 있는, 상당한

What she said has no substance.

그녀가 한 말은 내용이 없다.

A substantial number of houses were damaged by the floods.

상당한 수의 집들이 홍수로 피해를 입었다.

어원 메모

station(역)은 열차가 정차하는 곳이다. status는 서 있는 상태라는 의미에서 '지위', '신분'을 가리킨다. state는 확실히 서 있는 상태라는 의미에서 '국가', '주', '상태' 등의 의미가 된다.

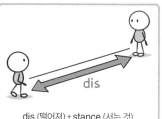

dis (떨어져) + stance (서는 것)
➡ 따로 서 있는 것

distance

【dístəns】

명 거리

distant **형** 먼

We saw her in the distance.
우리는 멀리서 그녀를 보았다.

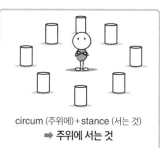

circum (주위에) + stance (서는 것)
➡ 주위에 서는 것

circumstance

【sə́:rkəmstæns】

명 환경, 상황, 사정

circumstantial **형** 상황의

He lived in comfortable circumstances.
그는 안락한 환경에서 살았다.

➡ 세워진 것

statue

【stætʃu:】

명 상, 조각상

What is the statue made of?
조각상은 무엇으로 만들어졌는가?

e (밖에) + state (서다)
➡ 밖에 서 있는 것

estate

【istéit】

명 토지, 부동산, 재산

His estate was valued at $10,000,000.
그의 재산은 1천만 달러의 가치로 평가되었다.

4-3 ord = 순서

subordinate

sub

sub (아래에) + **ordin** (순서) + **ate** (형·접)

➡ 순서가 하위인

형 【səbɔ́:rd(ə)nət】 하위의, 보조의, 종속된

동 【səbɔ́:rd(ə)nèit】 아래에 두다, 경시하다

A lieutenant is subordinate to a captain.
중위는 대위의 아래이다.

Product research is often subordinated to sales tactics.
상품 조사는 종종 판매 전략에 종속된다.

어원 메모

타순은 batting order라고 하는데, order의 기본은 '순서'다. 순서대로 늘어선 상태라는 것에서 '질서'라는 의미가 파생했고, 순서대로 세우기 위해서는 적절한 지시가 필요하므로 '명령', '주문' 등의 의미가 생겨났다.

order (순서) + ly (형·접)
➡ 순서대로의

orderly

【ɔ́:rdərli】
형 질서 있는, 정연한

Those bikes were parked in orderly rows.

저 자전거들은 질서정연하게 줄지어 주차되어 있었다.

dis (아닌) + order (순서)
➡ 순서대로가 아닌 것

disorder

【disɔ́:rdər】
명 혼란, 무질서, 장애
disorderly 형 무질서의

His room is always in disorder.

그의 방은 항상 어수선하다.

ordin (순서) + ary (형·접)
➡ 순서대로의

ordinary

【ɔ́:rd(ə)nèri】
형 보통의, 흔한

The life of ordinary citizens began to change.

일반 시민들의 생활이 변화되기 시작했다.

extra (넘어서) + ordinary (보통의)
➡ 보통을 넘은

extraordinary

【ikstrɔ́:rd(ə)nèri】
형 남다른, 이상한, 특별한

What an extraordinary car he has!

그는 정말 멋진 차를 가지고 있구나!

103

4-4 mit, mis= 보내다

submit

【səbmít】

sub (아래로) + **mit** (보내다)

➡ 아래로 보내다

동 (~에) 복종시키다, 제출하다

관련어휘 ➡ **submissive** 형 순종적인, 고분고분한

The homework must be submitted by the end of this month.
숙제는 이달 말까지 제출되어야 한다.

He is always submissive to his wife.
그는 언제나 아내에게 순종적이다.

어원 메모

미션(mission)이란 특명을 주고 보낸다는 의미에서 '전도', '임무'라는 뜻이 된다. 영화 미션 임파서블(Mission Impossible)은 '불가능한 임무', 미사일(missile)은 '적에게 보내는 것'의 의미이다.

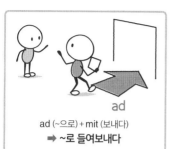

ad (~으로) + mit (보내다)
➡ ~로 들여보내다

admit
【ədmít】
동 인정하다, 입장(입국, 입회, 입원)을 인정하다,
　　여지가 있다
admission 명 (승인을 받고) 들어감, 승인
admittance 명 입장 (허가)

He admitted that he had made a mistake.
그는 자신이 실수를 했다고 인정했다.

per (통해서) + mit (보내다)
➡ 통과시키다

permit
동 【pə:rmít】 허용하다
명 【pé:rmit】 허가증
permission 명 허가

My parents permitted me to study abroad.
나의 부모님은 내가 해외에서 공부하는 것을
허락하셨다.

com (함께) + mit (보내다)
➡ 함께 보내다

commit
【kəmít】
동 저지르다, 맡기다, 부치다
committee 명 위원회
commitment 명 약속, 헌신, 위탁

I have never committed any crimes.
나는 범죄를 저지른 적이 없다.

dis (떨어져) + miss (보내다)
➡ 떠나게 하다

dismiss
【dismís】
동 해고하다, 물리치다
dismissal 명 해고, 철거

The principal dismissed the student from school.
교장은 그 학생을 퇴학시켰다.

4-5   ply, ple, pli = 채우다

sup**ply**

【səplái】

sup

sup (아래에서) + **ply** (채우다)
➡ 아래에서부터 채워가다

동 공급[제공]하다   명 공급[제공]

The bank supplies customers with a wide range of services.
은행은 고객들에게 다양한 서비스를 제공한다.

The brain requires a constant supply of oxygen.
뇌는 일정한 산소 공급을 필요로 한다.

어원 메모

pel은 인도유럽어에서 '채우다'라는 의미가 있는데, 라틴어에서 유래한 영어에서는 이것이 ple, pli, ply가 된다. 이것은 fel로 변해서 현재는 일반적으로 쓰는 fill(채우다), full(충분한, 가득한)로 바뀌었다.

sur (넘어서) + plus (채우다)
➡ 채운 상태를 넘은 것

surplus

【sə́:rplʌs】

명 잉여, 흑자

The trade surplus has been rising lately.

무역 흑자가 최근에 증가하고 있다.

com (완전히) + ple(te) (채우다)
➡ 완전히 채운

complete

【kəmplíːt】

형 완전한

동 완성시키다

This building took three years to complete.

이 건물은 완성하는 데 3년이 걸렸다.

ful (채우다) + fill (채우다)
➡ 채우다

fulfill

【fulfíl】

동 달성하다, 완수하다, 충족하다

He fulfilled his ambition to be a famous musician.

그는 유명한 음악가가 되려는 야망을 달성했다.

com (함께) + pli (채우다) + ment (명·접)
➡ 서로를 채워 줌

compliment

【kámpləmənt】

명 찬사, 칭찬

동 칭찬하다

Thank you for your compliment.

당신의 칭찬에 감사드립니다.

4-6   pend, pense = 매달다, 무게를 달다

sus**pend**

【səspénd】

sus (아래에) + **pend** (매달다)

➡ 매달다

동 매달다, 중단하다, 정직시키다, 보류하다

관련어휘 ➡ **suspense** 명 걱정, 긴장감, 서스펜스

The soccer game was suspended because of a thunderstorm.
폭풍우로 축구 경기가 중단되었다.

Don't keep me in suspense.
나를 긴장감 속에 두지 마.

어원 메모

펜던트(pendant)는 목에 거는 것이다. pens도 pend와 어원이 같으며 '저울에 달아서 지불하다'라는 의미가 있고, expensive는 「ex(넘어서) + pens(지불하다) + ive(형·접)」로 구성되어 '비싼'이라는 의미가 된다.

de (아래에) + pend (매달다)
➡ 아래에 매달려 있다 ➡ **의지하다**

depend

【dipénd】

동 의지하다, ~에 달려 있다

dependent 형 의존하는
dependence 명 의지, 의존

You can depend on me.
너는 나에게 의지해도 돼.

in (아닌) + de (아래에) + pendent (매달린)
➡ 아래에 매달리지 않은
➡ **의존하지 않는**

independent

【indipéndənt】

형 독립적인, (경제적으로) 자립할 수 있는

independence 명 독립

He is totally independent from his parents.
그는 부모로부터 완전히 자립했다.

dis (떨어져) + pense (매달다)
➡ **저울에 매달아 주다**

dispense

【dispéns】

동 분배하다, 내놓다

This vending machine dispenses hot coffee.
이 자판기는 뜨거운 커피가 나온다.

com (함께) + pens (매달다) + ate (동·접)
➡ **무게가 같도록 매달다**

compensate

【kámpənsèit】

동 보완하다, 보상하다

compensation 명 보상(금)

You can't compensate for lack of experience.
당신은 경험의 부족을 보완할 수는 없다.

4-7   tain = 잡다

sus**tain**

【səstéin】

sus

sus (아래에) + **tain** (잡다)

➡ 아래에서 잡아주다

동 살아가게 하다, 유지하다, 견디다, (손해 따위를) 입다

관련어휘 ➡ **sustenance** 명 음식물, 생계의 수단, 생명 유지

The company sustained losses of millions of dollars.
회사는 수백만 달러의 손실을 입었다.

It seems difficult to sustain current economic growth.
지금의 경제 성장을 유지하는 것은 어려워 보인다.

어원 메모

tain은 34쪽에서 말한 '뻗다', '향하다'라는 의미의 tend, tens와 어원이 같고 '뻗다', '가지다'라는 의미가 있다. 테니스(tennis)는 서브를 했을 때 프랑스어로 상대에게 tenez(받으세요)라고 한 데에서 유래했다.

ob (~를 향해) + tain (잡다)
➡ 가까이 끌어당기다

obtain

【əbtéin】

동 얻다, 달성하다

He tried to obtain a fake passport.
그는 위조 여권을 얻으려고 했다.

main (손) + tain (잡다)
➡ 손에 쥐다

maintain

【meintéin】

동 유지하다, 주장하다

It's expensive to maintain this house.
이 집을 유지하는 것은 비용이 많이 든다.

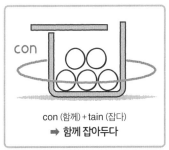

con (함께) + tain (잡다)
➡ 함께 잡아두다

contain

【kəntéin】

동 포함하다

A cup of black coffee contains no calories.
블랙커피 한 잔은 칼로리를 전혀 포함하지 않는다.

enter (사이에) + tain (잡다)
➡ 사이에서 사로잡다

entertain

【èntərtéin】

동 즐겁게 하다, 대접하다
entertainment 명 오락, 연회

They were entertained by top singers.
그들은 일류 가수들에게 환대 받았다.

Chapter

5

sur-, super-

(위에, 넘어서)

sur-, super-
(위에, 넘어서)

접두사 sur, super는 인도유럽어로 '위에, 넘어서'라는 의미인 uper에서 파생되었다.

sirloin
[sə́ːrlɔin]

sir (= sur) (위에) + loin (허리)
➡ 허리 **명** 등심

어원 메모

등심 스테이크(sirloin steak)는 Sir라는 호칭을 받을 정도의 고급 스테이크라는 의미에서 나온 표현이라고 하는데, 이것은 속설이다. 사실은 소 허리 위쪽의 양질의 고기를 가리킨다.

---

supermarket
[súːpəmàːrkit]

super (넘어서) + market (시장)
➡ 시장을 넘은 것 **명** 슈퍼마켓

어원 메모

슈퍼마켓은 일반적인 시장을 넘어선 마켓을 말한다. 마켓(market)은 본래 물품을 거래(mark)하는 작은 곳(et)이라는 뜻이다.

surname
[sə́:rnèim]

sur (위에) + **name** (이름)
➡ 이름 위에 있는 것
명 성씨

surface
[sə́:rfis]

sur (위에) + **face** (얼굴)
➡ 얼굴의 윗면
명 표면

surcharge
[sə́:rtʃàːrdʒ]

sur (넘어서) + **charge** (요금)
➡ 초과한 요금
명 초과 요금 동 추징금을 부과하다

surmount
[sərmáunt]

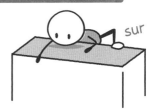

sur (넘어서) + **mount** (산)
➡ 산을 넘다
동 이겨내다, 극복하다

superior
[səpí(ə)riər]

super (넘어서) + **ior** (~보다)
➡ 더 우수한
형 뛰어난, 우수한, 상관의

supernatural
[sùːpərnǽtʃər(ə)l]

super (넘어서) + **natural** (자연의)
➡ 자연을 넘은
형 초자연의, 불가사의한

5-1   vey, view = 보다

survey

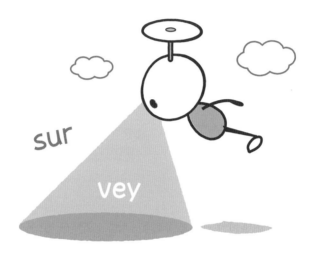

sur (위에) + **vey** (보다)

➡ 위에서 보다

동 【sərvéi】 조사하다, 살펴보다   명 【sə́:rvei】 조사, 개관

They surveyed the damage after the typhoon.
그들은 태풍이 지나간 후 피해 상황을 조사했다.

The survey was carried out by Oxford University.
그 조사는 옥스퍼드 대학교에 의해 실시되었다.

어원 메모

오션뷰(ocean view) 호텔이란 바다가 보이는 호텔을 말한다. view는 라틴어로 '보다'
라는 의미인 videre에서 생겨난 단어이다. 인터뷰(interview)는 '서로를(inter) 보다
(view)'로 구성되어 '면회', '면접'의 의미가 된다.

en (위로) + vy (보다)
➡ 사람의 마음속을 보다

envy

【énvi】

동 부러워하다, 시기하다

명 시기, 질투

envious 형 부러워하는

I envy you.
나는 당신이 부럽다.

pre (미리) + view (보다)
➡ 미리 보다

preview

【prí:vju:】

명 (영화의) 시사회, 시연, 예고편

동 시사회를 보다

There was a special movie preview last night.
어젯밤에 특별 영화 시사회가 있었다.

re (다시) + view (보다)
➡ 다시 보다

review

【rivjú:】

명 재조사, 비평

동 재조사하다, 비평하다

His book reviews are always harsh.
그의 서평은 항상 엄격하다.

pur (앞에) + view (보다)
➡ 앞을 보는 일 ➡ 운용[활동]의 범위

purview

【pé:rvju:】

명 한계, 범위

His question was beyond my purview.
그의 질문은 나의 한계를 넘어섰다.

5-2   vive = 살다

sur**vive**

【sərváiv】

sur (넘어서) + **vive** (살다)

➡ 어려움을 극복해서 살다

[동] 살아남다, ~보다 오래 살다

관련어휘 ➡ **survival** [명] 생존, 생존자

Very few passengers survived the accident.
매우 적은 승객들이 사고에서 살아남았다.

She survived her husband by over ten years.
그녀는 남편보다 10년 더 오래 살았다.

어원 메모

라틴어인 vita는 '생명'을 의미하는데, 비타민(vitamin)은 vita(생명)에 amino(아미노산)가 붙은 형태로, 모든 생명의 원료가 되는 아미노산을 말한다. 그리스 어원에서 '살다'를 나타내는 어근은 bio로, 생물학은 biology, 생명공학은 biotechnology, 생화학은 biochemistry이다.

revive

re (다시) + vive (살다)
➡ 다시 살아나다

【riváiv】
동 살아나다, 부활하다
revival 명 부활

Freer markets revived the region's economy.

시장을 더 자유롭게 함으로써 지역의 경제가 살아났다.

---

vivid

viv (살다) + id (형·접)
➡ 생기 넘치는

【vívid】
형 생생한, 선명한
vividly 부 선명하게

I can vividly remember the day I first met her.

나는 그녀를 처음 만났던 날을 선명하게 기억할 수 있다.

---

vigorous

vigor (활기) + ous (형·접)
➡ 활기찬

【vígərəs】
형 원기 왕성한, 치열한

His father seems as vigorous as a youth of 20.

그의 아버지는 20세의 청년처럼 원기 왕성해 보인다.

---

invigorate

in (안에) + vigor (활기) + ate (동·접)
➡ 활기차게 하다

【invígərèit】
동 활기를 북돋우다, 활성화하다

The important thing is to invigorate the economy.

중요한 것은 경제를 활성화하는 것이다.

5-3   pass, pace= 걷다, 통과하다

sur**pass**

【sərpǽs】

sur (위로) + **pass** (통과하다)
➡ 위로 통과하다
동 (보다 더) 낫다, 견디다, 넘다

The result surpassed **all our expectations.**
결과는 우리의 모든 예상을 뛰어넘었다.

The beauty of the sunrise surpassed **description.**
일출의 아름다움은 묘사를 초월한다.

어원 메모

'여권(passport)'은 과거에 배가 바다를 건너는 유일한 수단이었던 시절, 외국의 항구 (port)를 통과할(pass) 때 필요했다는 데에서 유래했다.

pass (통과하다) + age (명·접)
➡ 지나가는 길

passage

【pǽsidʒ】

명 통로, 통행, 구절, 항해

You have to learn this passage by heart by tomorrow.

당신은 이 구절을 내일까지 외워야 한다.

pass(eng) (통과하다) + er (사람)
➡ 이동을 하는 사람

passenger

【pǽsəndʒər】

명 승객

Ten passengers were killed in the accident.

사고로 10명의 승객이 죽었다.

pas(s) (통과하다) + time (시간)
➡ 시간을 보내는 것

pastime

【pǽstàim】

명 취미, 기분 전환

My favorite pastime is golf.

내가 가장 좋아하는 취미는 골프이다.

pass (통과하다) + er (사람) + by (옆으로)
➡ 옆을 통과하는 사람

passerby

【pæ̀:sərbái】

명 행인

The robbery was witnessed by several passersby.

강도는 몇몇 행인들에게 목격되었다.

5-4　vise = 보다

super**vise**

【súːpərvàiz】

super (위에) + **vise** (보다)

➡ 위에서 보다

동 **감독하다, 관리하다, 지휘하다**

관련어휘 ➡ **supervision** 명 **감독, 관리, 지휘**

She supervised all the assistant English teachers in this city.
그녀는 이 도시의 모든 보조 영어 교사들을 감독했다.

He was placed under a two-year supervision order.
그는 2년간의 보호 관찰 명령을 받았다.

어원 메모

라틴어에서 '보다'라는 의미인 어원 videre에서 파생된 vey, view는 116쪽에서 설명했는데, 또 하나로 vise가 있다. '멀리 있는(tele) 대상을 보다(vision)'에서 생겨난 단어가 텔레비전(television)이고, '보러(vis) 가다(it)'에서 생겨난 단어가 '방문하다(visit)'이다.

advise

ad (~으로) + vise (보다)
➡ 상대방의 입장에서 보다

【ədváiz】
통 권하다, 충고하다
advice 명 충고

I advise you to think more carefully.
나는 당신에게 좀 더 신중히 생각하기를 권한다.

---

revise

re (다시) + vise (보다)
➡ 재검토하다

【riváiz】
통 재검토하다, 개정하다
revision 명 개정(판)

This discovery made them revise their old ideas.
이 발견으로 그들은 낡은 생각을 수정했다.

---

improvise

im (아닌) + pro (미리) + vise (보다)
➡ 미리 보지 않다

【ímprəvàiz】
통 (연주·연설 등을) 즉흥으로 하다
improvisation 명 즉흥

She improvised on the piano.
그녀는 피아노를 즉흥적으로 쳤다.

---

visible

vis (보다) + ible (형·접)
➡ 볼 수 있는

【vízəbl】
형 (눈에) 보이는
visibility 명 눈으로 볼 수 있는 거리, 가시성
invisible 형 눈에 보이지 않는

The stars were barely visible that night.
그날 밤 별은 거의 보이지 않았다.

5-5   flu= 흐르다

superfluous

【suːpéːrfluəs】

super

super (넘어서) + **flu** (흐르다) + **ous** (형·접)

➡ 넘쳐 흐르는

형 과분한, 여분의, 불필요한

She worked so well by herself that my help was superfluous.
그녀는 혼자서 일을 너무 잘해서 내 도움이 필요 없었다.

The office building has no superfluous decoration.
사무실 건물에는 불필요한 장식이 없다.

어원 메모

유행성 감기(influenza)의 원인은 천체의 영향(influence) 때문이라는 이탈리아의 미신에서 이 단어가 비롯되었다. influence는 「in(안에) + flu(흐르다) + ence(명·접)」로 이루어져서 본래의 뜻은 '몸속에 들어온 것'이다.

124

in (안에) + flu (흐르다) + ence (명·접)
➡ 안에 흘러들어가 영향을 미침

influence

【ínfluəns】

명 영향(력)

동 영향을 미치다

influential 형 큰 영향을 미치는

He stressed the influence of television on children.

그는 텔레비전이 아이들에게 미치는 영향을 강조했다.

a(f) (~으로) + flu (흐르다) + ent (형·접)
➡ ~으로 넘쳐 흐르는

affluent

【ǽfluənt】

형 유복한, 풍부한

Many affluent people live in this area.

많은 부유한 사람들이 이 지역에 산다.

flu (흐르다) + id (상태)
➡ 흐르고 있는 상태

fluid

【flúːid】

명 유체(기체와 액체), 수분

형 유동적인, 변덕스러운

Our plans for the project are still fluid.

프로젝트에 대한 우리의 계획은 아직 유동적이다.

fluct(u) (= fluent) + ate (동·접)
➡ 흐르다

fluctuate

【flʌ́ktʃuèit】

동 변동하다

fluctuation 명 변동, 불안정

Vegetable prices fluctuate according to the season.

채소 가격은 계절에 따라 변동한다.

Chapter

6

ex-

(밖에)

ex-

(밖에)

접두사 **ex**는 '밖에'라는 의미의 그리스어에서 유래했다. **b, d, g, i, l, m, n, v** 앞에서는 **x**가 빠진다.

explain
[ikspléin]

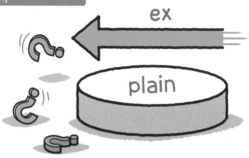

ex

plain

ex (밖에) + **plain** (명백한)
➡ (질문을 배제하고) 명백히 하다 **동** 설명하다

어원 메모

'명백한', '검소한'이라는 의미를 지닌 plain은 인도유럽어의 '평온한'이라는 의미의 pele에서 파생된 단어로, 명사로는 '평원'이라는 의미가 있다.

excel
[iksél]

어원 메모

라틴어로 '치솟다'라는 의미를 지닌 어근 cel은 '언덕'을 나타내는 hill과 어원이 같다. '뛰어난', '훌륭한'은 excellent이다.

ex

ex (밖에) + **cel** (치솟다)
➡ 우뚝 솟다 **동** 뛰어나다, 우수하다

example
【igzǽmpl】

ex (밖에) + ample (취하다)
➡ 꺼내진 것
명 예시, 견본

exalt
【igzɔ́:lt】

ex (밖에) + alt (커지다)
➡ 높이 올리다
동 높이다, 올리다, 칭찬하다

exchange
【ikstʃéindʒ】

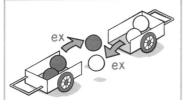

ex (밖에) + change (바꾸다)
➡ 내놓고 바꾸다
동 교환하다 **명** 교환

exhale
【ekshéil】

ex (밖에) + hale (숨)
➡ 숨을 내쉬다
동 내뱉다

exotic
【igzátik】

exo (밖에) + tic (형·접)
➡ 밖의
형 이국적인

explode
【iksplóud】

ex (밖에) + plode (박수치다)
➡ 무대가 떠나갈 정도로 손뼉을 치다
동 폭발시키다, 폭발하다

6-1   ceed, cede, cess= 가다

exceed

【iksíːd】

ex

ex (밖에) + **ceed** (가다)

➡ 밖으로 나가다

동 넘다, 초과하다

관련어휘 ➡ **excess** 명 초과, 과다
   excessive 형 과도한

Construction costs for the bridge could exceed $230 million.
그 다리 건설비는 2억 3천만 달러를 초과할 수 있다.

Drinking is OK as long as you don't do it to excess.
술은 당신이 과도하게 마시지 않는 한 괜찮다.

어원 메모

'가다'라는 의미의 ceed는 형태를 바꾸어 cede가 되거나 cess가 되기도 한다. 예를 들어,
액세스(access)는 「ac(~으로) + cess(가다)」에서 '접근 방법', 프로세스(process)는 「pro
(앞에) + cess(가다)」에서 '공정', '과정'의 의미가 된다.

succeed

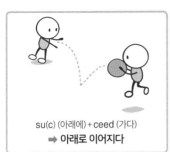

su(c) (아래에) + ceed (가다)
➡ 아래로 이어지다

【səksíːd】

동 물려받다, 계승하다, 성공하다

success 명 성공
successful 형 성공적인
successive 형 연속적인

Who will succeed to the throne?

누가 왕위를 계승할 것인가?

proceed

pro

pro (앞에) + ceed (가다)
➡ 앞으로 가다

【prəsíːd】

동 진행되다, 계속하다

procedure 명 순서, 절차

Contract negotiations are proceeding smoothly.

계약 협상은 순조롭게 진행되고 있다.

concede

con (함께) + cede (가다)
➡ 함께 가다

【kənsíːd】

동 인정하다, 용인하다

He conceded that he had made a number of errors.

그는 자신이 몇 가지 실수를 저질렀다는 것을 인정했다.

recession

re

re (뒤로) + cess (가다) + ion (명·접)
➡ 후퇴하는 일

【rìːséʃən】

명 경기 후퇴, 불황

recess 명 휴식 시간, (재판 중의 짧은) 휴회, 굴곡

The economy is in recession.

경기가 불황 상태에 있다.

6-2   sist = 서다

exist

【igzíst】

ex (밖에) + **ist** (서다)

➡ 밖에 서다

동 존재하다, 생존하다

관련어휘 ➡ **existence** 명 존재, 생존

He believes that God doesn't exist.
그는 신이 존재하지 않는다고 믿는다.

Do you believe in the existence of ghosts?
당신은 유령의 존재를 믿습니까?

어원 메모

어시스턴트(assistant)는 「a(s)(~으로) + sist(서다) + ant(사람)」로 어떤 사람의 곁에 서서 그 사람의 업무를 돕는 사람을 가리킨다.

in (위에) + sist (서다)
➡ 위에 서서 주장하다

insist

【insíst】

동 주장하다, 우기다

insistent 형 집요한

He insisted that I go to the meeting.

그는 나에게 회의에 가라고 주장했다.

re (뒤에) + sist (서다)
➡ 반대 입장에 서다

resist

【rizíst】

동 저항하다, 참다

resistance 명 저항

I just can't resist chocolate.

나는 초콜릿을 참을 수 없다.

per (내내) + sist (서다)
➡ 계속 서다

persist

【pərsíst】

동 고집하다, 지속하다, 주장하다

persistent 형 집요한

He persisted in smoking even after the operation.

그는 수술 후에도 담배 피우는 것을 지속했다.

sub (아래에) + sist (서다)
➡ 낮은 수준에서 살아가다

subsist

【səbsíst】

동 생계를 꾸리다, 살아나가다

subsistence 명 생계, 식량

They had to subsist on bread and water.

그들은 빵과 물로 살아나가야 했다.

133

6-3   patri = 아버지, 조국

expatriate

ex

ex (밖에) + **patri** (아버지, 조국) + **ate** (동·접)

➡ 조국 밖에 내놓다

동 【ekspéitrièit】 국외로 추방하다

명 【ekspéitriət】 추방당한 사람   형 【ekspéitriət】 국외 거주의

The communists were expatriated from the country.
공산주의자들은 그 나라에서 추방되었다.

The number of expatriate Koreans has been on the rise.
한국 국외 거주자들의 수가 증가하고 있다.

어원 메모

미국의 나라를 지키는 전투기는 패트리엇(Patriot)이다. patriot의 본래 뜻은 '조국을 사랑하는 사람'으로, patron은 아버지처럼 보호자 역할을 하는 사람을 나타낸다. 패턴 (pattern)도 같은 어원으로 아버지 같은 모범적인 존재라는 점에서 '본보기', '형식'의 의 미가 된다.

patriotic

【pèitriátik】

형 애국심이 강한

patriot 명 애국자

He is very patriotic.

그는 매우 애국심이 강하다.

patri (조국) + ot (사람) + ic (형·접)

➡ 조국을 사랑하는

---

compatriot

【kəmpéitriət】

명 같은 나라 사람, 동포, 동료

She played against one of her compatriots.

그녀는 자기 동포 중 한 명과 시합했다.

con

com (함께) + patri (조국) + ot (사람)

➡ 함께 조국을 사랑하는 사람

---

paternal

【pətə́:rnl】

형 아버지의, 부계의

paternity 명 부권, 부성

He neglects his paternal duty.

그는 아버지로서의 의무를 게을리 하고 있다.

pater(n) (아버지) + al (형·접)

➡ 아버지의

---

patronize

【péitrənàiz】

동 보호하다, 후원하다

This restaurant is patronized by locals.

이 식당은 지역 주민들의 후원을 받고 있다.

patron (아버지) + ize (동·접)

➡ 아버지가 되다

6-4 va(c), void = 비어 있는

evacuate

【ivǽkjuèit】

e (밖에) + **vac(u)** (비어 있는) + **ate** (동·접)

➡ 비우다 ➡ 밖에 내놓다

동 피난시키다, 철수시키다

관련어휘 ➡ **evacuation** 명 피난[대피], 철수, 비우기

All villagers were ordered to evacuate.
마을 사람들 전원에게 대피 명령이 내려졌다.

Police ordered the evacuation of the building.
경찰은 그 건물의 철수를 명령했다.

어원 메모

vacuum car(흡입식 분뇨 수거차)의 vacuum은 '진공'이라는 뜻이다. vacation(휴가)은 프랑스어의 바캉스와 같은 어원에서 생겨난 단어로, 본래 의미는 '아무것도 하지 않고 가만히 있는 것'이다.

vacant

【véikənt】

형 빈, 공석의

vacancy 명 공석, 공실

vac (비어 있는) + ant (형·접)
➡ 빈

Half of the apartments in the building are vacant.

그 건물에 있는 아파트의 절반이 비어 있다.

---

vast

【vǽst】

형 광대한, 막대한

➡ 가리는 것이 아무것도 없는

He owns a vast piece of land in the suburbs of Seoul.

그는 서울 교외에 광대한 땅을 소유하고 있다.

---

devastate

【dévəstèit】

동 황폐하다, 좌절시키다

devastating 형 파괴적인, 충격적인

de (완전히) + vast (비어 있는) + ate (동·접)
➡ 완전히 아무것도 없는 상태로 만들다

The country has been devastated by floods.

그 나라는 홍수로 황폐해졌다.

---

avoid

【əvɔ́id】

동 피하다, 막다

avoidance 명 회피, 기피

a (~으로) + void (비어 있는)
➡ 아무것도 없는 쪽으로 피하다

Civilian casualties must be avoided at all costs.

민간인 사상자는 반드시 피해야 한다.

6-5 man(i) = 손

emancipate

【imǽnsəpèit】

e (밖에) + **man** (손) + **cip** (잡다) + **ate** (동·접)

➡ 손으로 잡아서 밖으로 나가다

동 해방하다, 석방하다

관련어휘 ➡ **emancipation** 명 해방

Slaves were not emancipated until 1863 in the United States.
미국에서 노예는 1863년에야 비로소 해방이 되었다.

In the 1960s, they carried out a campaign for the emancipation of women.
1960년대에 그들은 여성 해방을 위한 캠페인을 벌였다.

어원 메모

자동 변속기 자동차는 오토매틱(automatic), 수동 변속기 자동차는 매뉴얼(manual)이라고 한다. 테이블 매너(table manner)에서 매너(manner)의 본래 뜻은 '손을 다루는 방법'이다. 손 관리나 손톱 손질은 매니큐어(manicure)라고 한다.

mani (손) + pul(e) (채우다) + ate (동·접)
➡ 손 안에 가득 쥐다
➡ 손 안에 넣고 조종하다

manipulate

【mənípjulèit】

동 조작하다, 다루다

manipulation 명 교묘한 조작, 시장 조작

He manipulated the price of a stock.

그는 주가를 조작했다.

manu (손) + script (쓰다)
➡ 손으로 쓴 것

manuscript

【mǽnjuskrìpt】

명 원고

I have one of his novels in manuscript.

나는 그의 소설 중 하나를 원고 그대로 가지고 있다.

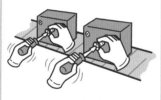

manu (손) + fact (만들다) + ure (명·접)
➡ 손으로 만든 것

manufacture

【mæ̀njufǽktʃər】

명 제조, 생산

동 제조하다, 꾸며내다

manufacturer 명 제조업자, 제조사

The car was manufactured in Germany.

그 차는 독일에서 제조되었다.

➡ 말을 손으로 다루다

manage

【mǽnidʒ】

동 경영하다, 잘 다루다, 간신히 해내다

management 명 경영, 관리

manager 명 경영자, 감독

I managed to persuade him.

나는 간신히 그를 설득했다.

Chapter

7

pro-, pre-, for-

(미리, 앞에)

pro-, pre-, for-
(미리, 앞에)

접두사 **pre, pro**는 '앞에'를 나타내는 라틴어에서 유래하여 **for(e)**나 **per**로 변해서 다양한 단어를 만든다. **per**는 '통해서, 완전히'의 의미를 나타낸다.

professional
[prəféʃənl]

pro (앞에)+**fess** (말하다)+**ion** (명·접)+**al** (형·접)
➡ (대중) 앞에서 명백히 밝히는 **형** 전문가의, 프로의 **명** 전문직 종사자, 프로

어원 메모

professor(대학 교수)는 「학생 앞에서(pro) + 자기 의견을 말하는(fess) + 사람(or)」이라는 뜻이다. profession은 '교수', '의사', '변호사' 등의 전문직을 나타낸다.

---

present
[prézənt]

어원 메모

듣는 사람에게 기획이나 제안을 설명하는 프레젠테이션(presentation)은 「pre(앞에) + sent(있다) + ation(명·접)」으로 이루어진 단어이며, '듣는 사람 앞에 내놓는 일'을 나타낸다.

pre (앞에)+**sent** (있다)
➡ 상대 앞에 내밀다 **명** 선물 **형** 출석한 **동** 【prizént】 증정하다, 제출하다

preface
[préfəs]

pre (미리) + face (말하다)
➡ 미리 말하는 것
명 서문

prefix
[prí:fiks]

pre (앞에) + fix (잇다)
➡ 앞에 붙임
명 접두사

premise
[prémis]

pre (미리) + mise (보내다)
➡ 미리 보내진 것
명 (주장의) 전제, 부동산

protect
[prətékt]

pro (앞에) + tect (덮다)
➡ 앞을 덮다
동 보호하다

forehead
[fɔ́:rhed]

fore (앞에) + head (머리)
➡ 머리 앞부분
명 이마

foresee
[fɔ:rsí:]

fore (미리) + see (보다)
➡ 미리 보다
동 예견하다

7-1   mo(t), mo(v) = 움직이다

promote

【prəmóut】

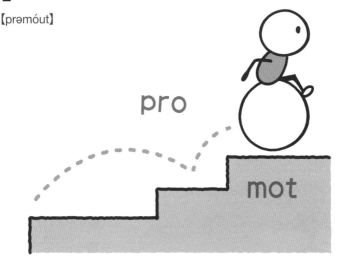

pro

mot

pro (앞에) + **mote** (움직이다)

➡ 앞으로 움직이게 하다

동 촉진하다, 승진시키다

관련어휘 ➡ **promotion** 명 승진, 진급, 판매 촉진

She was promoted to sales manager.
그녀는 영업 부장으로 승진했다.

She got a promotion last year.
그녀는 작년에 승진을 했다.

어원 메모

동력은 motor, 영화는 movie, 재빠른 동작은 quick motion이라고 하듯이 mov나 mot에는 '움직이다'라는 의미가 있다.

144

e (밖에) + motion (움직임)
➡ 몸 밖으로 나가는 것

emotion

【imóuʃən】

명 감정, 정서

emotional **형** 감정의, 감정적인

She always tries to hide her emotions.

그녀는 항상 그녀의 감정을 숨기려고 노력한다.

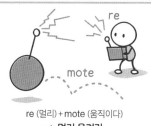

re (멀리) + mote (움직이다)
➡ 멀리 옮겨간

remote

【rimóut】

형 먼, 외딴

The model plane is operated by remote control.

그 모형 비행기는 리모콘으로 작동된다.

re (뒤로) + move (움직이다)
➡ 뒤로 움직이다

remove

【rimú:v】

동 없애다, 제거하다, 해고하다

removal **명** 제거, 철거

Please remove your shoes.

신발을 벗어주십시오

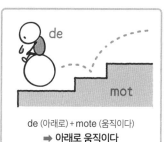

de (아래로) + mote (움직이다)
➡ 아래로 움직이다

demote

【dimóut】

동 강등시키다

demotion **명** 강등

The team was demoted to the K2 league last year.

그 팀은 작년에 K2 리그로 강등되었다.

7-2   ject, jet = 던지다

project

pro (앞에) + **ject** (던지다)

➡ 앞으로 던지다

명 【prάdʒekt】 계획, 과제, 연구 프로젝트

동 【prədʒékt】 계획하다, 예측하다, 투영하다, 튀어나오다

He set up a project to build a fishing company.
그는 어업 회사를 세울 계획을 세웠다.

The pier projects about 400 meters into the sea.
그 부두는 약 400미터 바다로 돌출해 있다.

어원 메모

영사기인 프로젝터(projector)처럼 ject에는 '던지다'라는 의미가 있다. 기체를 대량으로 방출해서 하늘을 나는 제트기(jet plane)도 같은 어원이다.

reject

re (뒤로) + ject (던지다)

➡ (보내온 것을) 뒤로 던지다

【ridʒékt】

동 거절하다, 거부하다

rejection 명 거절, 거부

He rejected my suggestion.

그는 내 제안을 거절했다.

---

object

ob (~을 향해) + ject (던지다)

➡ 내던지다

동 【əbdʒékt】 반대하다

명 【ábdʒikt】 목표, 대상

objection 명 반대, 이의

objective 형 객관적인 명 목표

The city mayor objected to the building of the new airport.

시장은 새 공항 건설에 반대했다.

---

subject

sub (아래로) + ject (던지다)

➡ 아래로 던지다

【sʌ́bdʒikt】

형 복종하는, (~의) 영향을 받기 쉬운

명 주제, 과목

동 【səbdʒékt】 복종시키다

We are subject to the laws of our country.

우리는 우리나라의 법을 따라야 한다.

---

inject

in (안에) + ject (던지다)

➡ 안으로 던지다

【indʒékt】

동 주사하다, 주입하다, 투입하다

injection 명 주사, 주입, 투입

He had to inject himself with insulin.

그는 스스로 인슐린 주사를 놔야 했다.

7-3 spect = 보다

prospect

【práspekt】

pro (앞에) + **spect** (보다)

➡ 장래를 보는 일

명 예상, 전망, 가능성, 바라봄

| 관련어휘 | ➡ **prospective** **형** 전망이 있는, 미래의, 장래의

Long-term prospects for the economy have improved.
경제에 대한 장기 전망이 개선되었다.

My mother considers Alice to be my prospective wife.
우리 엄마는 Alice를 나의 미래의 아내라고 생각한다.

어원 메모

비밀첩보원 스파이(spy)는 본래 '몰래 보다'라는 뜻이다. 예전에 유행한 패션을 의미하는 '레트로'는 정확하게는 retrospect로 「retro(뒤에) + spect(보다)」에서 '추억', '회상'이라 는 의미가 된다. spectacle은 '구경거리'에서 '광경'이라는 의미가 되었다.

inspect

【inspékt】

동 검사하다, 점검하다

inspector 명 조사관, 검열관

Automakers inspect their own cars.

자동차 회사들은 그들 자신의 차를 검사한다.

in (안에) + spect (보다)
➡ 안을 보다

---

respect

【rispékt】

동 존경하다, 존중하다 명 존경, 점[측면], 문안

respectful 형 정중한

respective 형 각각의

respectable 형 존경할 만한

He is respected by every student in his class.

그는 반의 모든 학생들로부터 존경을 받는다.

re (뒤에) + spect (보다)
➡ 뒤를 돌아보다 ➡ 존경하다

---

suspect

동 【səspékt】 의심하다, 혐의를 걸다

명 【sʌ́spekt】 용의자

suspicious 형 수상한

suspicion 명 의심

She suspected that it was a wolf.

그녀는 그것이 늑대라고 의심했다.

sus (아래) + spect (보다)
➡ 정면이 아니라 아래에서 보다

---

expect

【ikspékt】

동 예상하다, 기대하다, (~일 것이라고) 생각하다

expectancy 명 예상

expectation 명 예상, 기대

It's expected to rain this evening.

오늘 저녁 비가 올 것으로 예상된다.

ex (밖에) + (s)pect (보다)
➡ 바깥을 보다

7-4 long, ling = 긴

prolong

【prəlɔ́ːŋ】

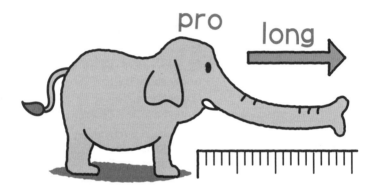

pro

long

pro (앞에) + **long** (긴)

➡ 앞으로 길게 늘이다

동 연장하다, 길게 하다

관련어휘 ➡ **prolonged** 형 오래 계속되는, 장기적인

The operation prolonged her life by five years.
그 수술은 그녀의 생명을 5년 연장시켰다.

Skin cancer is caused by prolonged exposure to the sun.
피부암은 장시간 햇볕에 노출되어 발생한다.

어원 메모

'긴'이라는 의미인 형용사 long에는 멀리 있어 손에 넣을 수 없는 것을 '오랫동안 몹시 그리워하다'라는 동사의 의미가 있다. long을 동명사로 한 longing은 '동경', '소원'이라는 뜻이다.

belong

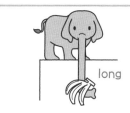

be (옆) + long (긴)
➡ 귀퉁이까지 손을 뻗치다

【bilɔ́ːŋ】
동 소속되다, ~의 것이다
belongings 명 소지품

This elephant belongs to the Berlin Zoo.
이 코끼리는 베를린 동물원에 속한다.

---

lengthen

length (길이) + en (동·접)
➡ 길게 하다

【léŋ(k)θən】
동 길게 하다, 펴다
length 명 길이
lengthy 형 장황한

Can you lengthen these trousers for me?
이 바지 좀 길게 해 주시겠어요?

---

linger

ling (긴) + er (동·접)
➡ (시간을) 오래 끌다

【líŋgər】
동 꾸물거리다, 오래 끌다

Don't linger on after the party is over.
파티가 끝난 후에 꾸물거리지 마라.

---

longitude

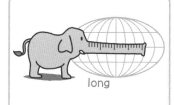

long (긴) + itude (명·접)
➡ 긴 정도

【lándʒət(j)ùːd】
명 경도

What is the longitude of this place?
이곳의 경도는 얼마입니까?

7-5   test= 증인, 증언하다

protest

pro

pro (앞에) + **test** (증언하다)

➡ 사람들 앞에서 증언하다

동 【prətést】 항의하다, 이의를 제기하다, 주장하다

명 【próutest】 항의, 이의, 시위

Many people protested about the new working hours.
많은 사람들이 새로운 근무 시간에 대해 항의했다.

Five people died in violent street protests.
격렬한 거리 시위에서 다섯 명이 사망했다.

어원 메모

'시험'이라는 의미인 테스트(test)는 본래 금의 품질을 시험하는 항아리라는 뜻에서 '시험하다', '조사하다'의 의미가 나왔는데, 본래의 뜻은 진짜임을 '증언하다'이다. '경쟁'을 의미하는 콘테스트(contest)는 재판에서 '함께(con) 서로 증언(test)하다'에서 생겨난 단어이다.

con (함께) + test (증언하다)
➡ 서로 증언하다

contest

동 【kəntést】 다투다, 이의를 제기하다
명 【kántest】 경쟁, 논쟁

The ruling party contested 200 seats in the election.

여당은 선거에서 200석을 다투었다.

de (떨어져) + test (증언하다)
➡ 저쪽으로 가라고 증언하다

detest

【ditést】
동 미워하다, 몹시 싫어하다
detestable 형 정말 싫은

He detests black dogs.

그는 검은 개를 정말 싫어한다.

test (증인) + ify (동·접)
➡ 증인이 되다

testify

【téstəfài】
동 증언하다, 증명하다

He agreed to testify at the trial.

그는 재판에서 증언하는 데 동의했다.

at (~으로) + test (증언하다)
➡ ~쪽으로 증언하다

attest

【ətést】
동 증언하다

I attest to the fact that this is my signature.

나는 이것이 나의 서명이라는 사실을 증명한다.

7-6 duce, duct= 이끌다

pro**duce**

【prəd(j)ú:s】

pro

duce

pro (앞에) + **duce** (이끌다)

➡ 이끌어 내다

동 생산하다, 만들어 내다

관련어휘 ➡ **product** 명 제품, 결과
production 명 생산

The factory produces plastic goods.
그 공장은 플라스틱 제품을 생산한다.

He's allergic to dairy products.
그는 유제품에 알레르기가 있다.

어원 메모

conductor는 「con(함께) + duct(이끌다) + or(사람)」, 즉 연주를 한 방향으로 이끄는 오케스트라의 '지휘자', 혹은 교통 기관의 '차장'을 의미한다. 프로듀서(producer)는 영화 등의 작품을 사람들 앞으로(pro) 끌어내는(duce) 연출가를 말한다.

re (뒤로) + duce (이끌다)
➡ 뒤로 끌어내리다

reduce

【rid(j)úːs】

동 감소시키다, (~으로) 바꾸다

reduction 명 감소

The doctor advised me to reduce my salt intake.

의사는 나에게 소금 섭취량을 줄이라고 충고했다.

intro (안에) + duce (이끌다)
➡ 안으로 이끌다

introduce

【ìntrəd(j)úːs】

동 도입하다, 소개하다

introduction 명 도입, 소개

Let me introduce myself.

제 소개를 하겠습니다.

e (밖에) + duc (이끌다) + ate (동·접)
➡ (내재하는 능력을) 이끌어 내다

educate

【édʒukèit】

동 교육하다

education 명 교육

She was educated in France.

그녀는 프랑스에서 교육을 받았다.

ab (떨어져) + duct (이끌다)
➡ 떼어놓다

abduct

【əbdʌ́kt】

동 유괴하다, 납치하다

abduction 명 유괴, 납치

His daughter was abducted late last night.

그의 딸이 어젯밤 늦게 유괴되었다.

7-7 gram, graph = 쓰다

program

【próugræm】

pro

pro (미리) + **gram** (쓰다)

➡ 미리 쓰는 것

명 예정, 계획, 프로그램　동 프로그램을 짜다[설정하다]

What is on the program today?
오늘 프로그램에서 뭐합니까?

I've programmed the VCR to record the 9 o'clock movie.
나는 9시 영화를 녹화하도록 비디오 녹화기 프로그램을 설정했다.

어원 메모

첫차부터 막차까지의 출발과 도착 시각을 쓴 열차 운행시간표를 일본에서는 '다이아'라고 부르는데, 이것은 다이어그램(diagram)을 줄인 말로 「통해서(dia) + 쓰는 것(gram)」이 라는 의미이다. 또한 gram과 마찬가지로 그래프(graph)에도 '쓰다'라는 의미가 있다.

tele (멀리) + gram (쓰다)
➡ 멀리 쓰는 것

telegram

【téləgræm】

명 전보

telegraph 명 전신, 전보
　　　　　 동 전신으로 알리다, 전보로 전하다

**We sent a telegram
of congratulations to her.**

우리는 그녀에게 축하의 전보를 보냈다.

photo (빛) + graph (쓰다)
➡ 빛을 사용해 쓰는 것

photograph

【fóutəgræf】

명 사진

photographer 명 사진가
photogenic 형 사진이 잘 받는

**His photograph appeared on the
front page of today's newspaper.**

그의 사진이 오늘 신문 1면에 실렸다.

auto (자신의) + graph (쓰다)
➡ 스스로 쓴 것

autograph

【ɔ́:təgræf】

명 자필, (유명인의) 사인
동 (유명인이) 사인을 해주다

May I have your autograph?

사인 좀 해주시겠습니까?

geo (땅) + graphy (쓰는 일)
➡ 땅에 대해서 쓰는 것

geography

【dʒiágrəfi】

명 지리학

geographic 형 지리학의

**She majored in geography
in college.**

그녀는 대학에서 지리학을 전공했다.

7-8　　hab, hib(it) = 가지다, 잡다, 살다

pro**hibit**

【prouhíbit】

pro (앞에) + **hib(it)** (잡다)

➡ 앞에 두다 ➡ 방해하다

동 금지하다, 방해하다

관련어휘 ➡ **prohibition** 명 금지

Fishing is prohibited in this lake.
이 호수에서는 낚시가 금지되어 있다.

The group is pushing for a prohibition on cigarette advertising.
그 단체는 담배 광고 금지를 추진하고 있다.

어원 메모

동사 have의 hav나 hab는 habit과 뿌리가 같으며, '가지다', '지키다'라는 의미다. habit은 '가져서 터득한 것'이라는 점에서 개인적인 '습관'의 의미가 된다.

ex (밖에) + hib(it) (가지다)
➡ 밖에 가지고 나오다

exhibit

【igzíbit】

동 전시하다, 보여주다

명 전시품

exhibition 명 전시회, 전람회

Her paintings are being exhibited in the gallery.

그녀의 그림이 미술관에 전시되고 있다.

hab(it) (가지다)
➡ 몸에 벤 것

habit

【hǽbit】

명 습관

habitual 형 습관적인

habituate 동 습관화하다

He has a habit of taking a nap after lunch.

그는 점심 식사 후에 낮잠을 자는 습관이 있다.

in (안에) + hab(it) (잡다)
➡ 안에서 몸을 지키다

inhabit

【inhǽbit】

동 ~에 살다, 거주하다, 서식하다

inhabitant 명 주민, 서식 동물

Many Native Americans inhabit reservations.

많은 미국 원주민들은 보호 구역에 살고 있다.

➡ (거처하는, 머무는) 장소

habitat

【hǽbitæt】

명 서식지

The owls' natural habitat is in the forests of the Northwest.

부엉이의 자연 서식지는 북서쪽 숲에 있다.

7-9   fer = 나르다

pre**fer**

【prifə́:r】

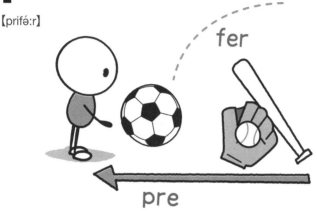

fer

pre

pre (앞에) + **fer** (나르다)

➡ 자기 앞으로 나르다

동 선호하다, 좋아하다, ~하고 싶다

관련어휘	➡ **preference** 명 선호(도), 애호, 우선(권)
	preferential 형 우선권을 주는
	preferable 형 더 좋은, 선호되는

I prefer tiramisu to chocolate cake.
나는 티라미수를 초콜릿 케이크보다 더 좋아한다.

Do you have a color preference?
당신은 색 선호도가 있습니까(좋아하는 색깔이 있습니까)?

어원 메모

페리(ferry)는 사람, 자동차, 열차, 화물 등을 나르는 배다. 이처럼 어근인 fer에는 '운반하다'라는 의미가 있다. 또한 멀리 이동하는 것을 연상시킨다는 점에서 '멀리 있는'이라는 의미인 형용사 far가 생겼다. 손님을 나르는 교통 기관의 운임인 fare도 같은 어원이다.

suf
(sub)

su(f) (아래에) + fer (나르다)
➡ 무거운 물건을 밑에서 지탱하다

suffer

【sʌ́fər】

동 괴로워하다, 고생하다

suffering 명 괴로움

I hate to see the animals suffer.

나는 동물들이 고통 받는 것을 보기 싫다.

re

re (다시) + fer (나르다)
➡ 다시 전달하다

refer

【rifə́:r】

동 언급하다, 참조하다

reference 명 언급, 참조

Refer to the bar graph on the white board.

화이트보드의 막대그래프를 참조하십시오.

di

di(f) (분리) + fer (나르다) + ent (형·접)
➡ 따로 나르는

different

【díf(ə)rənt】

형 다른, 같지 않은

difference 명 차이

differ 동 다르다

He is quite different from what he was.

그는 예전의 그와는 꽤 다르다.

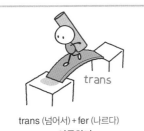

trans

trans (넘어서) + fer (나르다)
➡ 이동하다

transfer

동 【trænsfə́:r】 이동하다, 전근 가다, 환승하다

명 【trǽnsfə:r】 이동, 이전

He transferred to another department last month.

그는 지난달에 다른 부서로 전근 갔다.

7-10 dict= 말하다

pre**dict**

【pridíkt】

pre

dict

pre (앞에) + **dict** (말하다)

➡ 미리 말하다

동 예언하다, 예측하다

관련어휘 ➡ **prediction** 명 예언, 예측
    predictable 형 예측할 수 있는

She predicted that I will get married by 25.
그녀는 내가 25살에 결혼할 것이라고 예언했다.

It's too early to make any predictions about the results.
그 결과에 대해 어떤 예측도 내리기에는 너무 이르다.

어원 메모

dictionary(사전)는 분해하면 「dict(말하다) + ion(명·접) + ary(명·접)」가 된다. 즉 '말의 의미를 설명하는 것'에서 생겨났듯이 dict은 '말하다', '진술하다'라는 의미가 있다. 구술된 영어를 받아쓰는 것은 dictation이다.

addict

ad (~으로) + dict (말하다)
➡ 한 쪽으로만 향해서 말하다

명 【ǽdikt】 중독자, …광
동 【ədíkt】 중독이 되게 하다

Most smokers can't admit that they are addicts.

대부분의 흡연자들은 그들이 중독자라는 것을 인정하지 못한다.

---

contradict

contra (반대로) + dict (말하다)
➡ 반대로 말하다

【kàntrədíkt】
동 반론하다, 모순되다
contradiction 명 반론, 모순

The two reports contradict each other.

그 두 보고서는 서로 모순된다.

---

dictatorship

dict (말하다) + ate (동·접)
+ or (사람) + ship (명·접)
➡ 사람에게 명령하는 일

【diktéitərʃip】
명 독재 정권, 독재 국가
dictate 동 명령하다, 받아쓰게 하다
dictation 명 명령, 받아쓰기

The country's dictatorship finally came to an end.

그 나라의 독재 정권은 마침내 끝이 났다.

---

verdict

【vé:rdikt】
명 평결, 의견

The judge will hand down a verdict in January.

그 판사는 1월에 평결을 내릴 것이다.

ver (진실) + dict (말하다)
➡ 진실을 말하는 일

7-11 side, sit, set, seat, ses, sed, sad = 앉다

preside

【prizáid】

pre (앞에) + **side** (앉다)

➡ 앞에 앉다

동 의장을 맡다, 사회를 보다, 주재하다, 연주를 맡다

관련어휘 ➡ **president** 명 대통령, 회장

I presided at the committee meeting yesterday.
나는 어제 위원회 회의를 주재했다.

George Washington was the first president of the U.S.A.
George Washington은 미국의 초대 대통령이었다.

어원 메모

'앉다'는 sit, '좌석'은 seat, '편안하게 앉을 수 있는 상자형 자동차'는 sedan, '자전거에서 걸터앉는 부분'은 saddle이며, 이들은 전부 '앉다'라는 의미를 가진 단어이다. 바이올린과 피아노의 세션(session)은 함께 앉아서 하는 연주를 뜻한다.

resident

re (뒤에) + side (앉다) + ent (사람)
➡ 뒤에 계속 앉아있는 사람

【rézədənt】
명 거주자, 주민
reside 동 거주하다
residence 명 거주지

Parking spaces are for residents only.
주차장은 거주자 전용이다.

---

subside

sub (아래에) + side (앉다)
➡ 수습하다

【səbsáid】
동 가라앉다, (불어났던 물이) 빠지다
subsidy 명 보조금

The flood gradually subsided.
홍수가 차츰 잦아들었다.

---

settle

set(tle) (앉다)
➡ 앉히다 ➡ 정착하다

【sétl】
동 정착하다, 앉히다, 진정시키다, 매듭짓다
settlement 명 해결, 결제

The nurse settled me into the chair.
간호사가 나를 의자에 앉혔다.

---

possess

pos (능력) + sess (앉다)
➡ 능력 있는 자가 앉다

【pəzés】
동 가지다, 소유하다
possession 명 소유(물)

Because of his gambling, he lost everything he possessed.
그의 노름 때문에 그는 그가 가진 모든 것을 잃었다.

7-12 gna, na(t) = 태어나다

pregnant

【prégnənt】

pre (앞에) + **gna** (태어나다) + **ant** (형·접)

➡ 태어나기 전의

형 임신한

관련어휘 ➡ **pregnancy** 명 임신

She is four months pregnant.
그녀는 임신 4개월이다.

This will be her second pregnancy.
이번이 그녀의 두 번째 임신일 것이다.

어원 메모

14세기 이탈리아에서 시작된, 고대 그리스·로마의 문화를 부흥시키려고 한 운동을 르네상스(Renaissance)라고 한다. 이것은 「re(다시) + nais(s)(태어나다) + ance(명·접)」에서 유래했다.

nat (태어나다) + ive (형·접)
➡ 태어난 그대로의

native

【néitiv】

형 태어난 곳의, 생긴 그대로의
명 현지인

He is a native Parisian.

그는 파리 토박이이다.

na (태어나다) + ive (형·접)
➡ 태어난 그대로의

naive

【naíːv】

형 속기 쉬운, 순진한

She is a naive young girl.

그녀는 순진한 소녀이다.

nat (태어나다) + ural (형·접) + ize (동·접)
➡ 태어난 곳으로 가다

naturalize

【nǽtʃ(ə)rəlàiz】

동 귀화시키다

He became naturalized in China.

그는 중국에 귀화했다.

---

in (안에) + nat(e) (태어나다)
➡ 태어날 때부터 습득한

innate

【inéit】

형 타고난, 선천적인

He has an innate sense of justice.

그는 타고난 정의감이 있다.

7-13 fect, fact = 이루다, 만들다

per**fect**

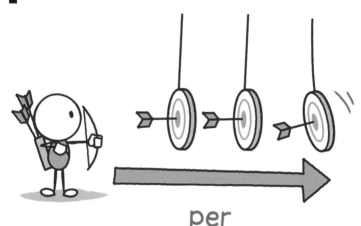

per

per (완전히) + **fect** (만들다)

➡ 완전히 만들어진

형【pə́:rfikt】완전한, 더할 나위 없이

동【pərfékt】완성시키다

He pitched a perfect game.
그는 퍼펙트 게임을 달성했다.

I'm in perfect condition today.
나는 오늘 컨디션이 더할 나위 없이 좋다.

어원 메모

사실을 의미하는 fact는 본래 '행해진 일'이라는 뜻으로 fect와 어원이 같다. factory는 「fact(만들다) + ory(장소)」에서 '공장'으로, factor는 결과를 초래하는 '원인·요소'를 가리키며, faction은 '파벌·당파', manufacture는 「manu(손) + fact(만들다) + ure(명·접)」에서 '제품·제조'의 의미가 된다.

e(f) (밖에) + fect (이루다, 만들다)
➡ 만들어져 나온 것

effect

【ifékt】

명 효과, 결과

effective 형 효과적인, 유효한

The sleeping pills are starting to take effect.

수면제 효과가 나타나기 시작했다.

a(f) (~으로) + fect (이루다, 만들다)
➡ ~에 ~을 하다

affect

【əfékt】

동 영향을 미치다, 감동시키다

affection 명 영향, 애정

affectionate 형 애정 어린

Smoking affected his health.

담배는 그의 건강에 영향을 미쳤다.

in (안에) + fect (이루다, 만들다)
➡ 안에 가져오다

infect

【infékt】

동 전염시키다, 영향을 미치다

infection 명 전염, 감염

infectious 형 전염성의

The virus has infected many people.

바이러스는 많은 사람들을 전염시켰다.

de (떨어져) + fect (이루다, 만들다)
➡ 제대로 된 상태에서 떨어진 것

defect

【dí:fekt】

명 결함, 단점

동 【difékt】 망명하다

defective 형 결함이 있는

It seems the child has a genetic defect.

아이는 유전적 장애가 있는 것 같다.

7-14 cast = 던지다

forecast

【fɔ́:rkӕst】

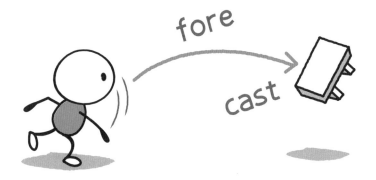

fore (앞에) + **cast** (던지다)

➡ 미리 사람들에게 던지다

명 예보, 예상 동 예보하다, 예상하다

The weather forecast is for snow this evening.

오늘 밤 일기 예보는 눈이다.

Heavy rain is forecast for tomorrow.

내일은 폭우가 내릴 것으로 예상된다.

어원 메모

낚싯줄을 멀리 던지는 것을 캐스팅(casting)이라고 하는데, 본래 cast는 주사위를 던지는 것으로, 주로 무게감이 없는 것을 던진다는 뜻이다.

170

➡ 던지는 일을 하다

cast

【kǽst】

동 던지다, 역할을 할당하다

명 배역

A fisherman cast a net into the sea.

어부가 바다에 그물을 던졌다.

broad (넓은) + cast (던지다)
➡ 전체적으로 폭넓게 던지다

broadcast

【brɔ́:dkæ̀st】

동 방송하다

명 방송

The president's speech was broadcast at noon.

대통령의 연설은 정오에 방송되었다.

over (위에) + cast (던지다)
➡ 구름이 상공을 뒤덮은

overcast

【óuvərkæ̀st】

형 흐린 날씨의, 구름이 뒤덮인

The weather forecast says it'll be overcast today.

일기 예보에 의하면, 오늘은 날씨가 흐릴 것이라고 한다.

cast (던지다) + away (떨어져)
➡ 내던져진 것

castaway

【kǽstəwèi】

명 표류자[물]

The castaways swam ashore to the island.

표류자들은 섬의 해안가로 헤엄쳐 갔다.

Chapter

8

re-

(다시, 원래, 뒤에)

re-
(다시, 원래, 뒤에)

접두사 **re**는 라틴어로 '다시', '원래', '뒤에' 등의 의미가 있다. **re-elect**(재선하다)처럼 뒤에 이어지는 단어가 **e**로 시작하는 경우에는 하이픈(-)을 넣는다.

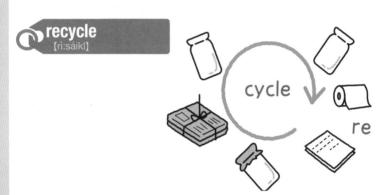

recycle
[riːsáikl]

cycle
re

re (다시) + **cycle** (돌다, 바퀴)
➡ 여러 번 돌다 **동** 재사용하다

어원 메모

어원 cycle, circle은 '돌다', '바퀴'를 나타낸다. bicycle(자전거)은 「bi(둘) + cycle(바퀴)」이고, 삼륜차는 tricycle이다. 인도양에 발생하는 소용돌이 모양의 열대성 저기압은 사이클론(cyclone)이라고 한다. circle도 같은 어원으로 「cir(돌다) + cle(작은 것)」에서 '바퀴', '원형'의 의미가 된다.

----

retail
[riːteil]

tail

어원 메모

어원 tail은 '자르다'를 나타낸다. 양복 재봉사를 테일러(tailor)라고 하는데, 이것은 문자 그대로 '옷감을 자르는 사람'이라는 뜻이다.

re (다시) + **tail** (자르다)
➡ 조금씩 잘라서 팔다 **명** 소매 **동** 소매하다

restore
【ristɔ́:r】

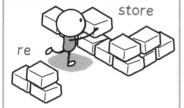

store

re

re (다시) + **store** (가게, 짓다)
➡ 다시 짓다
통 회복하다

reunion
【ri:júːniən】

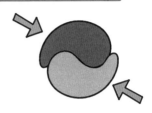

re (다시) + **uni** (하나) + **on** (명·접)
➡ 다시 하나가 되는 것
명 동창회, 재결합

replace
【ripléis】

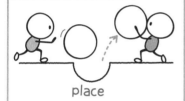

place

re (원래) + **place** (장소, 두다)
➡ 옮겨놓다
통 교환하다

renew
【rin(j)ú:】

new

re (다시) + **new** (새로운)
➡ 새롭게 하다
통 갱신하다

recall
【rikɔ́:l】

re (다시) + **call** (부르다)
➡ 불러서 되돌아오게 하다
통 떠올리다, 귀환시키다, 회수하다

renaissance
【rènəsáːns】

re (다시) + **nais(s)** (태어나다) ⇒ **p.166** 참조
+ **ance** (명·접)
➡ 다시 태어나는 것
명 문예 부흥, 르네상스

8-1 treat, trait = 끌다

retreat

【ritríːt】

re (뒤로) + **treat** (끌다)

➡ 물러나다

명 퇴각, 후퇴 동 퇴각하다, 후퇴하다, 빠져나가다

He retreated from the room without saying a word.
그는 말 한마디 없이 방에서 빠져나갔다.

The enemy soldiers were in full retreat.
적군은 완전히 철수했다.

어원 메모

핼러윈(Halloween)에는 어린이들이 "Trick or Treat"라고 말하면서 집집마다 도는 관습이 있다. 이 말을 번역하자면 "과자를 안 주면 장난칠 거예요."라고 할 수 있다. treat는 자신 쪽으로 끌어당겨서 '다루다', '대접하다'라는 의미이다.

trait

trait (끌다)
➡ 조상으로부터 물려받은
유전적인 형질

【tréit】
명 특징, 특성

Aggression is not a male-only trait.
공격성은 남성만의 특성이 아니다.

---

portrait

por (앞에) + trait (끌다, 그리다)
➡ 사람 앞에서 그림을 그리는 것

【pɔ́:rtrit】
명 초상화, 묘사
portray **동** 묘사하다

The wall is covered with portraits.
벽은 초상화들로 덮여 있다.

---

treaty

treat (끌다) + y (명·접)
➡ 끌어와서 다룸

【trí:ti】
명 조약, 협정

**The treaty brought peace and
stability to the country.**
조약은 그 나라에 평화와 안정을 가져다 주었다.

---

entreat

en (안에) + treat (끌다)
➡ 끌어넣다

【intrí:t】
동 간청[애원]하다
entreaty **명** 간청, 애원

**He entreated the police to save
his daughter.**
그는 자기 딸을 구해달라고 경찰에 간청했다.

8-2　　stri(ct), strai(n), stress = 당기다, 묶다

restrict

【ristríkt】

re (뒤로) + **strict** (당기다)

➡ 뒤로 끌어당기다

동 제한하다

관련어휘 ➡ **restriction** 명 제한 (조건)

You are restricted to a speed of 40 kilometers per hour in this area.
이 지역은 시속 40킬로미터로 제한되어 있다.

The U.S. is seeking tighter restrictions on weapon sales to the region.
미국은 그 지역의 무기 판매에 대한 더 엄격한 제한을 찾고 있다.

어원 메모

strict(엄한)는 strain, stress, string과 함께 '당겨서 팽팽하게 하다'라는 이미지가 있는 어근이다. 똑바로 쭉 뺀 상태가 straight, 마음이 팽팽하게 긴장된 상태가 stress, 똑바로 뺀 실이 string이다.

178

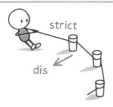

strict

dis

di(s) (떨어져) + strict (묶다)
➡ 따로 묶다

district

【dístrikt】

명 지역, 지구

His condo is in the middle of the business district.

그의 콘도는 상업 지역 한 가운데에 있다.

strain

strain (당기다)
➡ 팽팽하게 당기다

strain

【stréin】

동 잡아당기다, 긴장시키다, 다치게 하다
명 긴장, 스트레스

The issue strained the relationship between the two.

그 문제는 둘 사이의 관계를 긴장시켰다.

re
strain

re (뒤로) + strain (당기다)
➡ 뒤로 끌어오다

restrain

【ristréin】

동 억제하다, 저지하다
restraint 명 자제, 사양

She couldn't restrain her anger anymore.

그녀는 더 이상 화를 억제할 수 없었다.

strain

con

con (완전히) + strain (당기다)
➡ 강제하다

constrain

【kənstréin】

동 강요하다, 억누르다
constraint 명 억제, 제한

She was constrained to tell a lie.

그녀는 거짓말을 하도록 강요당했다.

8-3   seem, sem, simil= 같은

resemble

【rizémbl】

re (매우) + **sembl(e)** (같은)

➡ 매우 비슷하다

동 닮다

관련어휘 ➡ **resemblance** 명 비슷함, 유사점

He resembles his father in appearance.
그는 외모가 아버지를 닮았다.

He bears a striking resemblance to his grandfather.
그는 그의 할아버지와 현저한 닮은 점을 지니고 있다.

어원 메모

실물이나 현실인 것처럼 가장해서 하는 실험을 시뮬레이션(simulation)이라고 하는데, sembl, simul의 본뜻은 '유사'이다. seem은 '~처럼 보이다'라는 뜻이다. 축구 시합에서 고의로 쓰러지는 등 심판을 기만하는 행위를 시뮬레이션이라고도 한다. 팩시밀리(facsimile)는 '같은 것(simil)을 만든다(fact)'에서 생겨났다.

as(ad)

a(s) (~으로) + sembl(e) (같은)
➡ 같은 쪽으로 모이다

assemble

【əsémbl】

동 모으다, 조립하다, 모이다
assembly 명 집회, 조립

Many people assembled in front of the church.
많은 사람들이 교회 앞에 모였다.

simil (같은) + ar (형·접)
➡ 비슷한

similar

【símələr】

형 유사한, 비슷한
similarity 명 유사

My opinion was similar to his.
내 의견은 그와 비슷했다.

a(s) (~으로) + simil (같은) + ate (동·접)
➡ 방향을 같게 하다

assimilate

【əsíməlèit】

동 동화되다, 흡수하다, 이해하다
assimilation 명 동화, 흡수, 이해

He tried to assimilate into the white communities.
그는 백인 사회에 동화되려고 노력했다.

simul (같은) + taneous (형·접)
➡ 동시의

simultaneous

【sàiməltéiniəs】

형 동시의

She works as a simultaneous interpreter.
그녀는 동시 통역사로 일한다.

8-4 sul(t), sal(t) = 뛰다, 도약하다

re**sult**

【rizʌ́lt】

re (원래) + sult (뛰다)

➡ 튀어서 되돌아오는 것

명 결과, 성과, 성적   동 ~의 결과로 발생하다, ~로 끝나다

He was disappointed at the result of the exam.
그는 시험 결과에 실망했다.

Her hard work resulted in a big bonus for her.
그녀의 노고는 그녀에게 큰 보너스라는 결과를 낳았다.

어원 메모

살토(salto)란 이탈리아어로 '도약'이라는 의미이다. 맛보았을 때 펄쩍 뛰는 느낌을 주는 소금(salt), 수면에서 뛰어오르는 물고기인 연어(salmon), 그 외에 살라미(salami), 소시지(sausage), 샐러드(salad)도 어원이 같다.

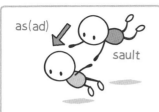

as(ad)

sault

a(s) (~으로) + sault (뛰다)
➡ 덤벼드는 것

assault

【əsɔ́:lt】

명 습격, (부녀자) 폭행
동 습격하다, 폭행하다

He was charged with assault.

그는 폭행죄로 기소되었다.

as(ad)

a(s) (~으로) + sail (뛰다)
➡ 덤벼들다

assail

【əséil】

동 습격하다, 비난하다

The proposal was assailed by the opposition party.

그 제안은 야당의 비난을 받았다.

in (위에) + sult (뛰다)
➡ 대들다

insult

【insʌ́lt】

동 모욕하다
명 【ínsʌlt】 모욕

He was fired for insulting a customer.

그는 고객을 모욕했다는 이유로 해고당했다.

ex

ex (밖으로) + (s)ult (뛰어오르다)
➡ 밖으로 뛰어오르다

exult

【igzʌ́lt】

동 환희하다, 기뻐서 어쩔 줄 모르다
exultant 형 환희하는, 기뻐서 어쩔 줄 모르는

The scientist exulted in her new discovery.

과학자는 그녀의 새로운 발견에 환희했다.

8-5 forc, fort= 힘, 강한

reinforce

【rìːinfɔ́ːrs】

re (다시) + **in** (~하게 하다) + **force** (힘)

➡ 다시 힘을 내게 하다

[동] 보강하다, 강화하다

[관련어휘] ➡ **reinforcement** [명] 보강, 강화

This school is reinforced to withstand earthquakes.
이 학교는 지진을 견딜 수 있도록 보강되었다.

This bridge needs reinforcement as soon as possible.
이 다리는 최대한 빨리 보강이 필요하다.

어원 메모

음악 기호 중에 포르테(forte)는 '강하게', 포르티시모(fortissimo)는 '매우 강하게'라 는 의미이다. 이처럼 fort에는 '강하다', '힘'이라는 이미지가 있다. 노력(effort)은 「밖으로 (ef) + 힘(fort)」을 낸다는 의미에서 생겨났다.

force

en (~하게 하다) + force (힘)
➡ 힘을 들이다

enforce

【infɔ́ːrs】

동 시행하다, 강요하다

enforcement 명 시행, 실행

The law must be strictly enforced.

그 법률은 엄격히 시행되어야 한다.

fort (강한) + ress (장소)
➡ 강한 장소

fortress

【fɔ́ːrtrəs】

명 요새

They attacked the fortress high on a hill.

그들은 언덕 위에 높이 있는 요새를 공격했다.

com (완전히) + fort (힘) + able (형·접)
➡ 완전히 힘을 낼 수 있는

comfortable

【kʌ́mfərtəbl】

형 편안한

comfort 명 안락, 위안

discomfort 명 불편

She has a comfortable apartment in Busan.

그녀는 부산에 편안한 아파트를 가지고 있다.

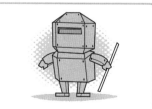

fort (강한) + itude (명·접)
➡ 강한 상태

fortitude

【fɔ́ːrtət(j)ùːd】

명 불굴의 정신, 인내

fortify 동 강화하다

He overcame the difficulty with fortitude.

그는 불굴의 정신으로 어려움을 극복했다.

8-6 vol(ve) = 회전하다

revolve

【riválv】

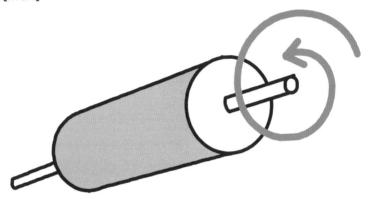

re (다시) + **volve** (회전하다)

➡ 여러 번 돌다

통 회전하다, (계절 등이) 순환하다

관련어휘 ➡ **revolution** 명 혁명, 회전, 공전

The earth revolves around the sun.
지구는 태양 주위를 공전한다.

The revolution marked the end of the French monarchy.
혁명은 프랑스 군주제의 종말을 의미했다.

어원 메모

볼륨(volume)은 본래 '둘둘 감다'라는 뜻으로, 거기에서 '책 → (책의) 크기 → 음(량)'의 의미로 변했다. 회전식 연발 권총인 리볼버(revolver)는 「여러 번(re) + 회전하는(volve) 것」에서 유래했다.

evolve

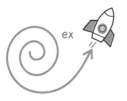

e (밖으로) + volve (회전하다)
➡ 밖으로 굴리다

【iválv】

동 발달시키다, 진화하다

evolution 명 진화, 발전

The scientist says that birds evolved from dinosaurs.

과학자는 새들이 공룡에서 진화했다고 말한다.

---

involve

in (안으로) + volve (회전하다)
➡ 말려들다

【inválv】

동 포함하다, 연루되다, 참여시키다

involvement 명 관련, 연루, 몰두

He's involved in volunteer work.

그는 자원 봉사에 참여하고 있다.

---

revolt

re (뒤로) + volt (회전하다)
➡ 뒤엎는 것

【rivóult】

명 반란

동 반란을 일으키다

The people rose in revolt.

사람들이 반란을 일으켰다.

---

devolve

de (아래로) + volve (회전하다)
➡ 아래로 돌다

【diválv】

동 양도하다, 맡기다

He devolved the presidency to the vice president.

그는 대통령직을 부통령에게 양도했다.

8-7   mod(e) = 양식, 틀

remodel

【rì:mád(ə)l】

re (다시) + **model** (양식)

➡ 양식을 바꾸다

동 개조하다, 리모델링하다, 형태를 바꾸다

We're remodeling the basement this summer.
우리는 올해 여름에 지하실을 리모델링할 것이다. (가까운 미래)

He had his nose remodeled.
그는 코를 성형했다.

어원 메모

모범이 되는 양식은 모델(model), 유행하는 양식은 모드(mode), 현대 양식은 모던 (modern)인 것처럼 mode에는 '양식', '방법', '유행' 등의 의미가 있다.

mod (틀) + ify (동·접)
➡ 틀을 만들다

modify

【mádəfài】

동 수정하다, 바꾸다, 완화하다
modification 명 수정, 완화

He modified the position of the handlebars on his bike.
그는 자전거의 핸들 위치를 바꾸었다.

mod(er) (양식) + ate (동·접)
➡ 양식에 꼭 맞다

moderate

【mád(ə)rət】

형 적당한, 겸손한(modest)
동 【mád(ə)rèit】 완화하다, 신중히 하다

He has a moderate income.
그는 적당한 수입이 있다.

a(c) (~으로) + com (함께) +
mod (틀) + ate (동·접)
➡ 같은 틀 안에 넣다

accommodate

【əkámədèit】

동 수용하다, 숙박시키다, 적응시키다
accommodation 명 숙박, 수용, 편의

This hotel can accommodate 400 people.
이 호텔은 400명을 숙박시킬 수 있다.

com (함께) + mod (양식) + ity (명·접)
➡ 같은 모양이 되는 것

commodity

【kəmádəti】

명 일상 용품, 상품

Commodity prices rose sharply.
일상 용품 가격이 급격히 올랐다.

8-8   ly, li(g) = 묶다

rely

【riláI】

re (완전히) + **ly** (매다)

➡ 확실히 묶다

[동] 의지하다, 신뢰하다

관련어휘 ➡ **reliable** [형] 신뢰할 수 있는, 의지할 수 있는
　　　　　reliance [명] 신뢰, 신용

You can rely on me!
제게 맡기세요!

I heard it from a reliable source of information.
나는 신뢰할 수 있는 정보통으로부터 그것을 들었다.

어원 메모

테니스나 탁구 등에서 양쪽이 계속 공을 주고받는 것을 랠리(rally)라고 하는데, rally의 본뜻은 '공을 재차(re) 잇는(ly) 것'이다. 미국의 야구에는 마이너 리그와 메이저 리그가 있는데 리그(league)란 연결 지어진 것, 즉 '연맹'을 뜻한다.

oblige

ob (~을 향해) + lige (묶다)
➡ ~을 연결하다

【əbláidʒ】

동 의무적으로 ~하게 하다, ~에게 억지로 시키다
obligation 명 의무
obligatory 형 의무적인

His father's illness obliged him to work.
그의 아버지의 병환으로 그는 일을 해야 했다.

---

alliance

a(l) (~으로) + li (묶다) + ance (명·접)
➡ 연결한 상태

【əláiəns】

명 동맹, 연합, 동맹국
ally 동 동맹시키다

The two parties decided to form an alliance.
양당은 동맹을 맺기로 결정했다.

---

liable

li (묶다) + able (~할 수 있는)
➡ 묶을 수 있는

【láiəbl】

형 ~하기 쉬운, 법적인 책임이 있는
liability 명 의무, 책임

Wooden bridges are liable to rot.
나무다리는 썩기 쉽다.

---

rally

ra=re (다시) + ally (동맹하다)
➡ 다시 동맹하다

【rǽli】

동 (불러) 모으다, 회복하다, 되찾다
명 집회, 대회

The manager rallied the players around him.
감독은 선수들을 그에게 불러 모았다.

8-9   lev(i) = 가벼운, 들어 올리다

relieve

【rilíːv】

re (다시) + **liev**(**e**) (들어 올리다)

➡ 가볍게 하다

동 경감시키다, 완화하다, 편하게 하다

관련어휘 ➡ **relief** 명 안도, 경감, 구제

I was relieved to hear that I don't have cancer.
나는 내가 암이 없다는 말을 듣고 안심이 되었다.

What a relief!
안심이다!

어원 메모

가볍게 들어 올릴 수 있는 원리를 이용한 지레는 영어로는 'lever'라고 하는데, lever는 분해하면 「lev(들어 올리다) + er(것)」으로 본래 '가볍게 들어 올리는 것'이라는 뜻이다. 마찬가지로 위로 들어 올리는 것은 엘리베이터(elevator)이다.

alleviate

al(ad)

a(l) (~으로) + levi (가벼운) + ate (동·접)
➡ 가볍게 하다

【əlíːvièit】

동 경감하다, 완화하다

alleviation 명 경감, 완화

They discussed how to alleviate poverty.

그들은 어떻게 하면 빈곤을 경감할 수 있을지에
대해 토론했다.

---

elevate

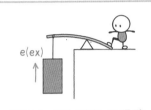

e(ex)

e (밖에) + lev (들어 올리다) + ate (동·접)
➡ 들어 올리다

【éləvèit】

동 높이다, 올리다, 들어 올리다

elevation 명 증가, 승진, 고도

This drug tends to elevate body temperature.

이 약은 체온을 높이는 경향이 있다.

---

relevant

re (다시) + lev (들어 올리다) + ant (형·접)
➡ 다시 들어 올려진

【réləvənt】

형 관련이 있는, 적절한

irrelevant 형 관련이 없는

relevance 명 관련성

Your opinion is not relevant to the subject.

당신의 의견은 그 주제와 관련이 없다.

---

levy

lev (들어 올리다) + y (명·접)
➡ 국민으로부터 거둬들인 것

【lévi】

명 세금 (부과), 징수

동 징수하다, 부과하다

The government levied a new tax on the people.

정부는 국민에게 새로운 세금을 부과했다.

Chapter

9

in-, im-, en-

(안에, 위에)

in-, im-, en-

(안에, 위에)

접두사 in은 인도유럽어에서 '안에'라는 의미인 en이 라틴어로 바뀐 것으로 b, m, p 로 시작되는 단어 앞에서는 im, l의 앞에서는 il, r의 앞에서는 ir이 된다. 본래의 형태 (en)가 그대로 영어에 쓰인 단어도 많은데, b, m, p로 시작되는 단어 앞에서는 em이 된다.

income
[ínkʌm]

in

in (안에) + come (오다)
➡ 안에 들어오는 것 **명** 수입

어원 메모

동사 come(오다)은 접두사에 따라 다양한 단어가 만들어진다. outcome은 '밖으로(out) 오다'에서 '결과', overcome은 '넘어(over) 오다'에서 '극복하다', become은 '옆(be=by) 으로 오다'에서 '~이 되다', '닮다' 등의 의미가 된다.

inflame
[infléim]

어원 메모

브랜디를 끼얹어서 불로 구운 과자나 요리를 프랑스어로 플랑베(flambe)라고 하는데, flam의 본래 뜻은 '불길이 되어 타다'이며 inflammation은 '염증'이다.

in

in (안에) + flam(e) (불길)
➡ 불길 속에 있다 **동** 흥분시키다, 불러일으키다

innovation
[ìnəvéiʃən]

in (안에) + **nov** (새롭다) + **ation** (명·접)
➡ 새로운 것 안에 들어가는 일
명 쇄신, 혁신

insect
[ínsekt]

in (안에) + **sect** (자르다)
➡ 안이 끊어져 있는 것
명 곤충

insight
[ínsàit]

in (안에) + **sight** (시야)
➡ 안을 보는 일
명 통찰(력)

imprison
[imprízn]

im (안에) + **prison** (교도소)
➡ 교도소에 넣다
동 투옥하다

implant
[implǽnt]

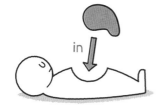

im (안에) + **plant** (심다)
➡ 심다
동 이식하다, 심다

illuminate
[ilú:mənèit]

il (안에) + **lumin** (빛) + **ate** (동·접)
➡ 안에 빛을 비추다
동 비추다

197

9-1 spir(e) = 숨을 쉬다

inspire

【inspáiər】

in (안에) + **spire** (숨을 쉬다)

➡ 숨을 들이마시다

동 불어넣다, 고무하다, 재촉하여 ~시키다

관련어휘 ➡ **inspiration** 명 영감, 감격, 격려

The book inspired me with courage.
책은 나에게 용기를 불어넣어 주었다.

He composed this music on a sudden inspiration.
그는 이 음악을 갑작스러운 영감을 얻어 작곡했다.

어원 메모

spirit의 어원은 '생명의 숨결'이며, 일반적으로 '정신·마음·기력'이라는 의미이다. 복수형 (spirits)이 되면 사람에게 생기를 주는 것, 즉 위스키, 브랜디 등의 '증류수'라는 의미로 변하고, 거기에 술을 마셨을 때의 정신 상태인 '기분', '활기'의 의미도 있다.

aspire

as(ad)

a (~으로) + spire (숨을 쉬다)
➡ 무엇을 향해 입김을 내뿜다

【əspáiər】
동 열망하다, 요구하다
aspiration 명 갈망, 야심

He aspires to be a politician.
그는 정치인이 되기를 열망한다.

---

conspire

con

con (함께) + spire (숨을 쉬다)
➡ 서로 숨을 쉬며 의논하다

【kənspáiər】
동 공모하다, 꾸미다
conspiracy 명 공모, 음모

They are conspiring to break into a bank.
그들은 은행을 침입할 공모를 꾸미고 있다.

---

expire

ex

ex (밖으로) + (s)pire (숨을 쉬다)
➡ 숨을 거두다

【ikspáiər】
동 기한이 넘어가다, 숨을 거두다
expiration 명 종료, 만료

My driver's license expires in October.
나의 운전 면허증은 10월에 만료된다.

---

perspire

per (통해서) + spire (숨을 쉬다)
➡ 온몸으로 숨을 쉬다

【pərspáiər】
동 땀이 나다, 땀을 흘리다
perspiration 명 발한, 땀

She felt hot and started to perspire.
그녀는 더웠고 땀을 흘리기 시작했다.

9-2 cli(n), cli(m) = 기울다

incline

【inkláin】

in (안에) + **cline** (기울다)

➡ 마음이 안으로 기울다

동 ~하고 싶은 마음이 생기게 하다, (마음을) 향하게 하다, 기울이다

관련어휘 ➡ **inclination** 명 선호, 의향, 경향

I'm inclined to accept his offer.
나는 그의 제의를 받아들이려고 한다.

I feel no inclination to remarry.
나는 재혼할 의향이 없다.

어원 메모

일반적으로 climax란 본래 '사다리의 기울어짐'이라는 뜻으로 '정점'이나 '최고점'이라는 의미로 사용된다. 진료소인 클리닉(clinic)은 본래 환자가 바로 일어날 수 있도록 준비된 '비스듬히 기울어진 침대'에서 유래했다.

recline

【rikláin】

동 기대다, 의지하다

re (뒤로) + cline (기울다)
➡ 뒤로 기울다

I saw him reclining on the sofa.

나는 그가 소파에 기대고 있는 것을 보았다.

---

decline

【dikláin】

동 거절하다, 쇠퇴하다
명 쇠퇴, 하락

de (아래로) + cline (기울다)
➡ 아래로 기울이다

Computer sales declined 5.2% this year.

올해 컴퓨터 매출은 5.2퍼센트 하락했다.

---

climate

【kláimit】

명 날씨, 기후, 풍조
climatic 형 기후의

➡ 적도에서 양극 사이의 기울기에
의해 기후가 달라지는 일

Queensland has a tropical climate.

퀸즐랜드는 열대성 기후를 가지고 있다.

---

client

【kláiənt】

명 고객, 의뢰인

cli (기울다) + ent (사람)
➡ 의존하는 사람

My job is serving coffee to the clients.

나의 일은 고객들에게 커피를 제공하는 것이다.

9-3 gen = 종(자), 태어나다

indigenous

【indídʒənəs】

indi (안에) + gen (태어나다) + ous (형·접)

➡ 안에서 태어난

형 고유의, 원산의, 현지의

The kangaroo is indigenous to Australia.
캥거루는 오스트레일리아 고유의 것이다.

Blueberries are indigenous to North America.
블루베리는 북미가 원산이다.

어원 메모

젠틀맨(gentleman)은 본래 '같은 종족에서 태어난 사람'이라는 뜻으로 '좋은 혈통에서 태어난 사람'으로부터 '신사'의 의미가 된다. 엔진(engine)은 '안에서(en) 태어난(gine)'에서 '원동기', 젠더(gender)는 태어났을 때 정해진 '성별'의 의미가 된다.

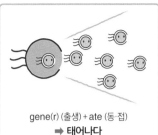

gene(r) (출생) + ate (동·접)
➡ 태어나다

generate

【ʤénərèit】

동 발생시키다, 일으키다
generation 명 세대, 발생
degenerate 동 퇴화하다, 악화되다

The new theory generated much discussion.
새 이론은 많은 논의를 일으켰다.

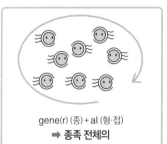

gene(r) (종) + al (형·접)
➡ 종족 전체의

general

【ʤén(ə)rəl】

형 일반적인, 대범한
generally 부 일반적으로
generalize 동 일반화하다

In general, the economy is improving.
전반적으로, 경제는 개선되고 있다.

gene(r) (종) + ous (형·접)
➡ 같은 종의 ➡ 좋은 태생의

generous

【ʤén(ə)rəs】

형 인심 좋은, 관대한
generosity 명 너그러움

It was generous of him to pay for us.
그가 우리 몫을 내주다니 인심이 좋다.

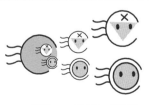

con (함께) + gen(it) (종) + al (형·접)
➡ 태어날 때 갖고 태어난

congenital

【kənʤénətl】

형 선천적인, 타고난

Bill is a congenital liar.
Bill은 타고난 거짓말쟁이다.

9-4   port= 운반하다, 항구

import

im (안에) + **port** (운반하다, 항구)

➡ 항구 안으로 운반하다

동 【impɔ́ːrt】 수입하다　　명 【ímpɔːrt】 수입(품)

관련어휘 ➡ **importation** 명 수입

They import a large number of cars from Germany.
그들은 독일로부터 많은 자동차를 수입한다.

Oil imports have risen recently.
석유 수입이 최근 증가했다.

어원 메모

공중(air)의 항구(port), 즉 공항을 airport라고 하고, 호텔에서 짐을 나르는 사람을 porter라고 하듯이 port에는 '항구', '운반하다'라는 의미가 있다. 스포츠(sport)는 「di (떨어져) + sport(운반하다)」로 구성된 disport에서 di가 소실된 형태로, '직업에서 동떨어진 장소에 가다'라는 의미에서 생겨났다.

su(p) (아래에서) + port (운반하다)
➡ 밑에서 버티다

support

【səpɔ́:rt】
동 지지하다, 부양하다
명 지지, 부양

He has a wife and two children to support.
그에게는 부양해야 할 아내와 두 아이가 있다.

ex (밖으로) + port (운반하다)
➡ 밖으로 실어내다

export

【ikspɔ́:rt】
동 수출하다
명 【ékspɔ:rt】 수출(품)
exportation 명 수출

The country exports wheat in great quantities.
그 나라는 밀을 대량으로 수출한다.

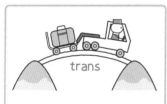

trans (넘어서) + port (운반하다)
➡ 다른 곳으로 옮기다

transport

【trænspɔ́:rt】
동 수송하다
명 【trǽnspɔ:rt】 수송, 수송[운송] 수단
transportation 명 수송, 교통

The statue was transported to New York.
그 동상은 뉴욕으로 수송되었다.

op (~을 향해) + port(un) (항구) + ity (명·접)
➡ 항구로 향하는 것

opportunity

【àpərt(j)ú:nəti】
명 기회
opportune 형 안성맞춤의, 적절한

It was too good an opportunity to pass up.
그것은 지나치기엔 너무 좋은 기회였다.

9-5　ped=발

impediment

【impédəmənt】

im(in)　　ped

im (안에) + **ped(i)** (발) + **ment** (명·접)

➡ 발을 안에 넣어 방해하는 일

[명] **장애, 방해, 신체 장애**

관련어휘 ➡ **impede** [동] **방해하다, 늦추다**

The lack of funds is a major impediment to research.
자금 부족은 연구에 주요한 장애물이다.

Rescue attempts were impeded by the typhoon.
구조 작업이 태풍으로 늦춰졌다.

어원 메모

자전거에서 발을 올리는 곳은 페달(pedal), 지네는 백 개(centi)의 발(pede)을 지녔다는 데에서 centipede가 되고, 발을 치료하거나 발톱에 색을 칠하는 것은 페디큐어(pedicure), 만보계는 pedometer라고 한다.

pedigree

ped

ped(i) (발) + gree (학)
➡ 학 다리 같은 것

【pédəgrì:】

명 가계(도), 혈통, 역사

Our school has an excellent pedigree.

우리 학교는 훌륭한 역사를 가지고 있다.

---

pedestrian

ped

ped(ester) (도보의) + ian (사람)
➡ 걷는 사람

【pədéstriən】

명 보행자

형 보행의, 도보의

This path is for pedestrians only.

이 길은 보행자 전용이다.

---

expedient

ex

ex (밖으로) + ped(i) (발) + ent (형·접)
➡ 족쇄에서 벗어난

【ikspí:diənt】

형 편리한, 상책인, 편의주의적인

It is expedient that you change the plan.

계획을 바꾸는 것이 상책이다.

---

expedition

ex (밖으로) + ped(i) (발) + tion (명·접)
➡ 발을 밖으로 향하는 일

【èkspədíʃən】

명 원정, 탐험, (잠깐의) 여행

They went on an expedition to the South Pole.

그들은 남극 탐험에 나섰다.

9-6   bar= 막대기, 가로목

embarrass

【imbǽrəs】

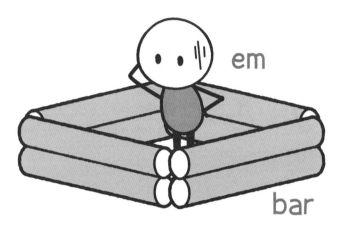

em

bar

em (안에) + **bar(ra)** (누워있는 나무) + **ss**

➡ 길에 누워있는 나무들 속에 있다

동 곤란하게 만들다, 당혹시키다, 쑥스럽게 하다

관련어휘 ➡ **embarrassment** 명 곤혹, 난처, 부끄러움

I've never felt so embarrassed in my life!
나는 내 인생에서 이렇게 부끄러운 적이 없었다!

He asked me a lot of embarrassing questions.
그는 나에게 많은 난처한 질문을 했다.

어원 메모

'법정', '술집'이라는 의미를 지닌 bar는 각각의 장소에 가로목이 있다는 데에서 유래한다. 바비큐(barbecue)는 보존을 위해 건조한 생선이나 고기를 나무 상자에 실었다는 데에서 유래했다. 급조한 목조 건물인 바라크(barrack)와 나무를 놓아서 방해하는 바리케이드(barricade)도 어원이 같다.

barrier

【bǽriər】

명 장애, 방벽

barrier-free **형** 장애물이 없는

The fallen tree made a barrier to traffic.

쓰러진 나무는 교통에 장애를 주었다.

bar(r) (막대기) + ier (명·접)
➡ 막대기로 만든 것

barrel

【bǽrəl】

명 통, 배럴(159리터)

Oil prices fell to $80 a barrel.

유가가 배럴당 80달러로 떨어졌다.

bar(r) (막대기) + el (작은)
➡ 작은 나무 상자

---

barrister

【bǽrəstər】

명 (법정) 변호사

The barrister acted for Mr. Green at the retrial.

법정 변호사는 재판에서 Mr. Green을 변호했다.

bar(r) (막대기) + ister (사람)
➡ 막대기 뒤에 서있는 사람
➡ 법정에 관계되는 사람

embargo

【imbáːrgou】

동 출입항을 금지하다

명 출입항 금지(령), 통상 금지

All imports are under embargo.

모든 수입이 통상 금지되고 있다.

em (안에) + bar(go) (막대기)
➡ 안에 막대기를 두고
　들어가지 못하게 하다

9-7　co(u)r, cord = 마음

en**courage**

【inkə́:ridʒ】

en (~ 하게 하다) + **cour** (마음) + **age** (명·접)

➡ 마음을 강하게 하다

동 용기를 북돋우다, 격려하다

관련어휘 ➡ **encouragement** 명 격려, 장려
encouraging 형 자극이 되는, 유망한

The news encouraged us a great deal.
그 소식은 우리에게 많은 격려가 되었다.

There're encouraging signs in the economy.
경제에 유망한 징후가 있다.

어원 메모

올림픽 레코드(Olympic record)의 레코드(record)는 '다시(re) 마음(cord)에 돌아오도록 생각해낸다'는 데에서 '기록(하다)'의 의미가 된다. 2개 이상의 소리를 조합해서 마음을 울리는 화음은 영어로 accord, 여기에서 생겨난 악기가 아코디언(accordion)이다.

courage

【kə́:ridʒ】

명 용기

courageous **형** 용감한

He is a man of great courage.

그는 대단한 용기를 가진 남자다.

cour (마음) + age (명·접)
➡ 마음의 세기

---

discourage

【diskə́:ridʒ】

동 실망시키다, 단념시키다

I discouraged him from going on to college.

나는 그가 대학에 진학하는 것을 단념시켰다.

dis (아닌) + courage (용기)
➡ 용기를 잃게 하다

---

accord

【əkɔ́:rd】

동 일치하다, 조화시키다

명 일치, 조화

according **부** 일치하여, 따라서

They reached an accord and avoided war.

그들은 합의에 도달하여 전쟁을 피했다.

a(c) (~으로) + cord (마음)
➡ 상대의 마음과 맞게 하다

---

cordial

【kɔ́:rdʒəl】

형 진심 어린, 성심성의의

We had a cordial welcome at the party.

우리는 파티에서 진심 어린 환영을 받았다.

cord (마음) + ial (형·접)
➡ 마음의

9-8 it = 가다

initiate

【iníʃieit】

in (안으로) + **it(i)** (가다) + **ate** (동·접)

➡ 안으로 들어가다

동 시작하다, 입회시키다

관련어휘 ➡ **initial** 형 처음의 명 머리글자
initiative 명 주도권

I initiated conversation by asking her a question.
나는 그녀에게 질문을 하면서 대화를 시작했다.

Tell me the initial cost.
초기 비용을 알려주세요.

어원 메모

'방문하다'라는 의미의 visit는 「vis(보다) + it(가다)」에서 '보러 가다', '만나러 가다'라는
의미가 되고, visitor는 '방문자', '관광객'의 의미가 된다.

ex (밖으로) + it (가다)
➡ 밖으로 가는 곳

exit

【égzət】

명 출구, 퇴장
동 퇴장하다

Use the emergency exit.
비상구를 이용하시오.

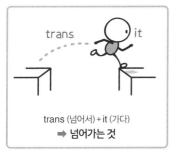

trans (넘어서) + it (가다)
➡ 넘어가는 것

transit

【trǽnsət】

명 수송, 통과
동 통과하다

My baggage was lost in transit.
내 짐은 수송 중에 분실됐다.

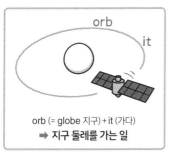

orb (= globe 지구) + it (가다)
➡ 지구 둘레를 가는 일

orbit

【ɔ́ːrbət】

명 궤도
동 궤도를 돌다

The space shuttle was out in orbit.
우주 왕복선은 궤도상에 있었다.

it(iner) (가다) + ary (명·접)
➡ 여행을 가는 일

itinerary

【aitínərèri】

명 여행 일정, 여행 계획

Rome was the first stop on our itinerary.
로마는 우리의 여행 일정 중의 첫 방문지였다.

9-9 pose = 놓다

impose

【impóuz】

im

im (위에) + **pose** (놓다)

➡ 사람 위에 놓다

동 부과하다, 밀어붙이다, 속이다, 이용하다

관련어휘 ➡ **imposing** 형 당당한, 인상적인

The government imposed a new tax on fuel.
정부는 연료에 대해 새로운 세금을 부과했다.

Don't impose your idea on me.
당신의 생각을 나에게 강요하지 마시오.

어원 메모

프러포즈(propose)는 상대의 앞에(pro) 결혼 이야기를 꺼내놓는다는 데에서 유래했다. 그 외에 '제안하다', '계획하다'라는 의미도 있다. 목적을 뜻하는 purpose의 본래 뜻은 「앞에(pur) + 놓다(pose)」이다.

214

ex (밖에) + pose (놓다)
➡ 보도록 밖에 놓다

expose

【ikspóuz】

동 노출시키다, 폭로하다
exposure 명 노출, 폭로

Potatoes turn green when exposed to light.
감자는 빛에 노출되면 녹색으로 변한다.

o(p) (~을 향해) + pose (놓다)
➡ 반대로 놓다

oppose

【əpóuz】

동 반대하다
opposition 명 반대
opposite 형 반대의

I'm opposed to the proposal.
나는 그 제안에 반대한다.

com (함께) + pose (놓다)
➡ 구성하다

compose

【kəmpóuz】

동 구성하다, 작곡하다
composition 명 구성, 작품, 배치
composure 명 (마음의) 평정

Water is composed of hydrogen and oxygen.
물은 수소와 산소로 구성되어 있다.

su(p) (아래에) + pose (놓다)
➡ 아래에 놓고 생각해 보다

suppose

【səpóuz】

동 생각하다, 추측하다, 가정하다
supposing 접 만약 ~이라면

I suppose he is wrong.
나는 그가 틀렸다고 생각한다.

9-10 struct = 쌓다

instruct

【instrʌ́kt】

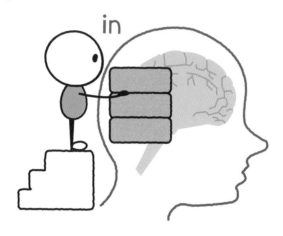

in

in (위에) + **struct** (쌓다)

➡ 포개어 쌓다

동 가르치다, 지시하다

관련어휘 ➡ **instruction** 명 교수, 교육, 지식, 지시
instructive 형 교육적인, 유익한

She instructed me to take out the garbage.
그녀는 나에게 쓰레기를 치우라고 지시했다.

His lecture is always instructive.
그의 강의는 항상 유익하다.

어원 메모

스포츠 강사(instructor)는 기초를 거듭 쌓으면서 가르치는 사람을 말한다. 기업의 구조 조정을 「re(다시) + struct(쌓다) + ing(명·접)」로 구성된 restructuring이라고 한다.

construct

con (함께) + struct (쌓다)
➡ 쌓아 올리다

【kənstrʌ́kt】
동 건설하다
construction 명 건설
constructive 형 건설적인

This tall building was constructed in 1955.
이 높은 건물은 1955년에 건설됐다.

destructive

de (떨어져) + struct (쌓다) + ive (형·접)
➡ 무너뜨리는

【distrʌ́ktiv】
형 파괴적인, 해로운
destroy 동 파괴하다
destruction 명 파괴

The earthquake was hugely destructive.
그 지진은 대단히 파괴적이었다.

obstruct

ob (~을 향해) + struct (쌓다)
➡ 대항하여 쌓다

【əbstrʌ́kt】
동 방해하다, 지장을 주다
obstruction 명 장애, 방해

The tree fell across the road and obstructed traffic.
나무가 길을 가로질러 쓰러져 교통을 방해했다.

structure

struct (쌓다) + ure (명·접)
➡ 쌓아 올리는 일

【strʌ́ktʃər】
명 구조, 건축물

The Eiffel Tower is a famous Parisian structure.
에펠탑은 유명한 파리의 건축물이다.

9-11 vent = 오다, 가다

invent

【invént】

in (위에) + **vent** (오다)

➡ 머리에 떠오르다

동 발명하다, 날조하다

관련어휘 ➡ **invention** 명 발명(품), 거짓말
inventive 형 창의력이 풍부한, 발명에 재능이 있는

Who invented the telephone?
누가 전화기를 발명했습니까?

Necessity is the mother of invention.
필요는 발명의 어머니이다.

어원 메모

Chapter 1에서 언급했듯이 모험(adventure)의 어원은 「ad(~으로) + vent(가다) + ure(명·접)」이며, 무언가를 향해서 나아가는 일이다. 이렇게 vent에는 '가다', '오다'라는 의미가 있으며, 이벤트(event)는 '밖으로(e) 나온(vent) 것'에서 유래했다.

pre (앞에) + vent (오다)
➡ 앞으로 나오다

prevent

【privént】

동 방해하다, 막다

prevention 명 방해, 예방

Snow prevented him from arriving on time.

눈은 그가 제 시간에 도착하는 것을 막았다.

con (함께) + vent (오다) + ion (명·접)
➡ 다 같이 모이는 일

convention

【kənvénʃən】

명 집회, 회의, 관습

convene 동 소집하다, 모이다

The party convention was held in Seoul.

당 회의는 서울에서 열렸다.

con (함께) + ven (오다) + ient (형·접)
➡ 늘 함께 따라오는

convenient

【kənví:njənt】

형 편리한, 괜찮은

convenience 명 편리

When is convenient for you?

언제가 편하십니까?

sou (아래에) + venir (오다)
➡ 기억하고 생각나게 하는 것

souvenir

【sù:vəníər】

명 기념품

I bought the knife as a souvenir.

나는 칼을 기념품으로 샀다.

Chapter

10

ab-, dis-, se-

(분리, 부정, 반대)

ab-, dis-, se-
(분리, 부정, 반대)

라틴어로 '떨어져'라는 의미인 **ab**는 **m, p, v**의 앞에서 **a**로, **c, t**의 앞에서는 **abs**로 변한다. **dis**에는 '떨어져'라는 의미 말고도 '~하지 않다'라는 부정의 의미가 있고, **se**에도 '떨어져'라는 의미가 있다.

dis (떨어져) + **aster** (별)
➡ 별에게 버림받는 것 **명** 재해, 재난

어원 메모

별표(*)를 가리키는 애스터리스크(asterisk)처럼 라틴어로 aster나 astro는 '별'을 나타낸다. '재해'를 뜻하는 disaster는 중세 점성술에서 행운의 별에게 버림을 받으면 재해가 일어난다고 믿었던 데에서 유래했다.

어원 메모

norm는 라틴어 '기준'에서 유래하여 '표준', '규범'이라는 의미인데, 형용사가 되면 normal(정상적인)의 의미가 된다.

ab (떨어져) + **normal** (정상적인)
➡ 정상에서 벗어난 **형** 비정상적인

disease
[dizíːz]

ease   disease

dis (떨어져) + **ease** (편안함)
➡ 편안한 상태에서 벗어남
명 병

discard
[diskáːrd]

dis

dis (떨어져) + **card** (종이, 카드)
➡ 카드를 버리다
동 버리다

discuss
[diskʌ́s]

dis (떨어져) + **cuss** (= **squash** 부수다)
➡ 상대를 박살내다
동 ~에 대해 토론하다

disgust
[disgʌ́st]

dis (아닌) + **gust**(**o**) (맛)
➡ 맛볼 수 없을 정도로 심함
명 혐오

abolish
[əbáliʃ]

ab

ab (떨어져) + **ol** (자라다) + **ish** (동·접)
➡ 자라지 못하게 하다
동 폐지하다

absent
[ǽbs(ə)nt]

ab

ab (떨어져) + **sent** (있는)
➡ 다른 장소에 있는
형 부재의

223

10-1 us, ut = 사용하다

abuse

ab (떨어져) + **us(e)** (사용하다)

➡ 본래의 방법에서 벗어나서 사용하다

동 【əbjú:z】 악용하다, 남용하다, 학대하다

명 【əbjú:s】 악용, 남용, 학대

The boy had been sexually abused.
소년은 성적으로 학대를 받고 있었다.

Nixon was accused of the abuse of presidential power.
Nixon은 대통령 권력의 남용으로 기소되었다.

어원 메모

동사 use의 기본은 '사용하다'이며, useful은 '쓸 만하다', '도움이 되다', useless는 '도움이 되지 않다'라는 뜻이다. 형태를 바꾸면 ut가 되며, utility room이라고 하면 '난방 기구·냉장고·세탁기·건조기 등을 설치한 작은 방'이라는 의미가 된다.

224

usage

【júːsidʒ】

명 어법, 사용법, 사용(량)

Gas usage rose by 15%.

가스 사용량이 15퍼센트 증가했다.

us(e) (사용하다) + age (명·접)
➡ 사용법

---

usual

【júːʒuəl】

형 평소의

unusual **형** 이상한

usually **부** 평소, 보통

It seemed warmer than usual in the house.

집 안은 평소보다 따뜻해 보였다.

us(u) (사용하다) + al (형·접)
➡ 항상 사용되는(보통의)

---

utilize

【júːt(ə)làiz】

동 이용하다

The school building is utilized as a theater.

학교 건물은 극장으로 이용된다.

ut (사용하다) + il (형·접) + ize (동·접)
➡ 유용하게 사용하다

---

utensil

【juːténsəl】

명 기구, 용구

The apartment is equipped with kitchen utensils.

아파트에는 주방 기구들이 갖춰져 있다.

ut(en) (사용하다) + sil (알맞은)
➡ 쓰기에 알맞은 물건들

10-2   ori(g), origin = 떠오르다, 시작

abort

【əbɔ́ːrt】

ab (잘못된) + **ort** (떠오르다)

➡ 태어나지 못하다

[동] 유산하다, 성장을 멈추다, 중단하다

관련어휘	➡ **abortion** [명] 유산, 낙태, 실패
	abortive [형] 열매를 맺지 않는, 조산의, 쓸데없는

The disease causes pregnant animals to abort.
그 질병은 임신한 동물들을 낙태하게 만든다.

He made an abortive attempt at running for mayor.
그는 시장 출마에 쓸데없는 시도를 했다.

어원 메모

동양을 의미하는 오리엔트(Orient)는 「ori(떠오르다) + ent(오다)」, 즉 서양에서 봤을 때 '태양이 떠오르는 곳'에서 유래했다. 마찬가지로 동방에서 온 빛으로 방향을 정한다는 데에서 생겨난 단어가 orientation(방향)과 orienteering(지도와 나침반만으로 길을 찾아가는 스포츠)이다.

origin

【ɔ́:rədʒin】

명 기원, 유래, 태생

original 형 기원의, 원래의, 독창적인 명 원문
originality 명 독창성

The word is Spanish in origin.
그 단어는 스페인어에서 기원되었다.

ori(g) (떠오르다) + in
➡ 떠오름, 시작

---

originate

【ərídʒənèit】

동 일으키다, 시작되다, 유래하다

Buddhism originated in India.
불교는 인도에서 시작되었다.

origin (시작) + ate (동·접)
➡ 존재하게 하다

---

aboriginal

【æbərídʒənl】

형 토착의

aborigine 명 원주민

Many aboriginal people live in this area.
많은 원주민들이 이 지역에 산다.

ab (~로부터) + origin (시작) + al (형·접)
➡ 시작부터의

---

orient

【ɔ́:riənt】

동 향하게 하다, 적응시키다, 방향을 알다
명 동양, 동방

orientation 명 방향, 지향, 예비 교육

The climbers stopped to orient themselves.
등산객들은 자신들의 방향을 알기 위해 멈춰 섰다.

ori (떠오르다) + ent (명·접)
➡ 태양이 떠오르는 곳

10-3 par, pear = 보이다

disappear

【dìsəpíər】

dis

dis (아닌) + **a(p)** (~으로) + **pear** (보이다)

➡ 보이지 않다

동 보이지 않게 되다, 없어지다

관련어휘 ➡ **disappearance** 명 사라지는 것, 소멸, 실종

The plane suddenly disappeared from view.
비행기가 갑자기 시야에서 사라졌다.

The police are investigating the girl's disappearance.
경찰들은 소녀의 실종을 조사중이다.

어원 메모

예전에 극단이 연주 목록을 일람표로 만들어 보인 일에서 생겨난 단어가 레퍼토리 (repertory)이다. 레퍼토리란 '항상 상연(연주) 가능한 극이나 곡목의 일람'을 말한다.

a(p) (~으로) + pear (보이다)
➡ 보이다

appear

【əpíər】

동 나타나다, ~처럼 보이다

appearance 명 모습, 외모, 출현

A big spider appeared from under the sofa.

큰 거미가 소파 밑에서 나타났다.

a(p) (~으로) + par (보이다) + ent (형·접)
➡ 보이는

apparent

【əpé(ə)rənt】

형 명백한, 분명한

apparently 부 듣자하니, 외관상으로

It was apparent that he was upset.

그가 화가 났다는 것이 명백했다.

trans (넘어서) + par (보이다) + ent (형·접)
➡ 통해서 보이는

transparent

【trænspé(ə)rənt】

형 투명한

transparency 명 투명(성)

The insect's wings are almost transparent.

곤충의 날개는 거의 투명하다.

a(p) (~으로) + par(i) (보이다) + tion (명·접)
➡ 보이는 것

apparition

【æpərí∫ən】

명 유령, 망령, 환영

He saw an apparition in the church.

그는 교회에서 유령을 보았다.

10-4 stin(k), stick, stinct = 찌르다

distinguish

【distíŋgwiʃ】

dis

dis (떨어져) + **(s)ting(u)** (찌르다) + **ish** (동·접)

➡ 제각각 찔러 구별하다

동 **구별하다, 구분하다, 특징 짓다**

관련어휘 ➡ **distinction** 명 **구별, 차별, 특징**
distinct 형 **확실히 알 수 있는, 개별의**

My son cannot yet distinguish between right and wrong.
내 아들은 옳고 그름을 아직 구별할 수가 없다.

The new law makes no distinction between adults and children.
새 법은 어른과 아이 사이에 구별[차별]을 두지 않는다.

어원 메모

'표', '입장권'을 가리키는 티켓(ticket)은 에티켓(etiquette)에서 e가 떨어진 형태다. 이것은 루이 14세 시절, 베르사유 궁전에 들어가기 위한 통행표(티켓)가 발행되었는데, 귀족들이 그 티켓을 옷에 꽂아서 출입했다는 데에서 유래했다. 막대기를 가리키는 스틱(stick)도 같은 어원으로 동사로는 '찌르다'의 의미가 된다.

➡ 뾰족한 것으로 찌르다

sting

【stíŋ】

동 쏘다, 감정을 상하게 하다
명 찔린 상처

I was stung on the arm by a bee.
나는 벌에 팔을 쏘였다.

in (안에) + stinct (찌르다)
➡ 마음에 찌르는 것

instinct

【ínstiŋkt】

명 본능
instinctive 형 본능적인

A cat's natural instinct is to chase birds.
고양이의 타고난 본능은 새들을 쫓는 것이다.

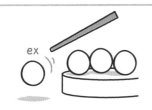

ex

ex (밖에) + (s)ting(u) (찌르다) + ish (동·접)
➡ 찔러서 꺼내다

extinguish

【ikstíŋgwiʃ】

동 끄다, 소멸시키다
extinction 명 멸종

It took a week to extinguish the forest fire.
산불을 끄는 데 일주일이 걸렸다.

ex

ex (밖에) + (s)tinct (찌르다)
➡ 찔러서 밖으로 꺼낸

extinct

【ikstíŋkt】

형 멸종된, 사라진

The white rhino is now almost extinct.
흰 코뿔소는 이제 거의 멸종되었다.

231

10-5 arm=팔, 무기, 무장하다

dis**arm**

【disá:rm】

dis (아닌) + **arm** (무장하다)

➡ 무장하지 않다

[동] 무장을 해제하다, 군비를 축소하다, (~에게서) 무기를 빼앗다

관련어휘 ➡ **disarmament** [명] 무장 해제, 군비 축소

The soldier was disarmed and captured.
병사는 무장 해제를 하고 포로로 잡혔다.

The politician supported nuclear disarmament.
그 정치인은 핵 군비 축소를 지지했다.

어원 메모

팔을 가리키는 arm이나 예술을 가리키는 art에 사용되는 ar은 인도유럽어로 '서로 제대로 연결하다'라는 의미가 있다. arm(팔)은 원시인이 외적으로부터 몸을 지키는 최대의 무기라는 데에서 복수형(arms)으로 '무기'의 의미를 지니게 되었다.

unarmed

【ʌnáːrmd】

형 비무장의, 무방비의

The soldiers killed 25 unarmed civilians.

군인들은 25명의 무방비한 민간인들을 죽였다.

un (아닌) + armed (무장된)
➡ 무기를 가지고 있지 않는

---

armament

【áːrməmənt】

명 군비, 군사력, 무기

A lot of money was spent on armament.

많은 돈이 군비에 쓰였다.

arm(a) (무장하다) + ment (명·접)
➡ 무기를 지닌 상태

---

armistice

【áːrməstis】

명 휴전 협정, 정전 협정

The two nations signed an armistice.

두 나라는 휴전 협정을 체결했다.

arm(i) (무기) + stice (멈추다)
➡ 전쟁을 멈추는 일

---

alarm

【əláːrm】

명 놀람, 경보, 자명종 시계
동 깜짝 놀라다

He set the alarm for 7 o'clock.

그는 자명종을 7시에 맞추었다.

al (~으로) + arm (무기)
➡ 무기를 드는 것

10-6 car = 차(마차), 운반하다

discharge

【distʃáːrdʒ】

dis

dis (아닌) + **charge** (짐을 싣다)

➡ (실었던 것을) 내리다

동 해방하다, 해고하다, 배출하다, 발포하다

명 해방, 배출, 발포, 제대

His gun accidentally discharged, killing her.
그의 총이 뜻하지 않게 발사되어 그녀를 죽였다.

He got his discharge from the army when he was 20.
그는 스무 살 때 제대했다.

어원 메모

차(car)는 물건을 옮기는 '이륜마차'라는 뜻으로, '짐마차를 만드는 사람'에서 유래했다. 슈퍼 등에서 보이는 소형 손수레인 카트(cart)나 목수(carpenter)도 어원이 같다. 동사인 carry도 본래 짐마차로 '옮기다'라는 뜻이다.

career

➡ (차가) 다니는 길
➡ (직업에서) 걸어온 길

【kəríər】

명 경력, 일생, 직업

He spent most of his career as a lawyer.

그는 일생의 대부분을 변호사로 보냈다.

---

charge

➡ 무거운 짐을 지우다

【tʃáːrdʒ】

동 청구하다, 비난하다, 책임을 지우다, 충전하다

명 요금, 경비, 책임, 고발, 충전

Will you charge the bill to my room?

청구서를 제 방으로 청구해 주시겠습니까?

---

carriage

carry (운반하다) + age (명·접)
➡ 운반하는 일

【kǽridʒ】

명 객차, 마차, 운송, 운반비

It cost $200 including carriage.

운반비를 포함해서 200달러가 들었다.

---

carrier

carry (운반하다) + er (사람, 물건)
➡ 운반하는 사람[것]

【kǽriər】

명 운송 회사, 운반 차량, 운반하는 사람,
　　(병원체의) 매개체

Some mosquitoes are carriers of malaria.

어떤 모기들은 말라리아의 매개체이다.

10-7 pare, pair, para = 나란히 서다, 옆의

separate

se

se (떨어져) + **par** (나란히 서다) + **ate** (동·접/형·접)

➡ 분리하다

동 【sépərèit】 분리하다, 나누다, 떼어놓다

형 【sépərət】 떨어진, 개별의

관련어휘 ➡ **separation** 명 분리

Separate the white and yolk of an egg.
달걀의 흰자와 노른자를 분리하시오

Separate checks, please.
따로따로 계산해 주세요.

어원 메모

어머니와 아버지 한 쌍(pair)이 모여서 부모(parents)가 되는데, 이 두 단어는 '나란히 서다'라는 의미인 어근 par에서 유래했다. 줄지어 행진하는 퍼레이드(parade)도 같은 어원이며, 이 어근은 나란히 선다는 데에서 '접근'의 이미지가 있다.

pre (미리) + pare (나란히 서다)
➡ **미리 나란히 놓다**

prepare

【pripéər】

동 준비하다

preparation 명 준비

She is busy preparing dinner.
그녀는 저녁을 준비하느라 바쁘다.

com (함께) + pare (나란히 서다)
➡ **함께 나란히 놓다**

compare

【kəmpéər】

동 비교하다, 비유하다

comparison 명 비교
comparative 형 비교적인
comparable 형 비슷한

Life is often compared to a voyage.
인생은 흔히 여행에 비유된다.

re (다시) + pair (나란히 서다)
➡ **흩어진 것을 다시 나란히 놓다**

repair

【ripéər】

동 수리하다

명 수리

Will you repair this broken toy?
이 부서진 장난감을 수리해 주시겠어요?

para (옆의) + site (음식)
➡ **음식 옆에 있는 것**

parasite

【pǽrəsàit】

명 기생충

He is a parasite on society.
그는 사회의 기생충이다.

Chapter

11

un-, im-, in-, a-

(부정)

un-, im-, in-, a-
(부정)

'~이 아니다'라는 의미의 in은 라틴어에서 유래하고 b, m, p로 시작하는 단어의 앞에서는 im으로 변하며, l로 시작하는 단어 앞에서는 il로, r로 시작하는 단어 앞에서는 ir로 변한다. a는 그리스 어원이다.

 **unfamiliar**
【ʌnfəmíljər】

familiar

un (아닌)+**family** (가족)+**iar** (형·접)
➡ 가족 같지 않은 형 익숙하지 않은, 낯선

어원 메모

가족(family)의 본래 의미는 '가정 내에 있던 하인이나 노예'에서 유래했다. family의 형용사가 familiar로, 가족처럼 서로를 잘 안다는 데에서 '익숙한', '정통한' 등의 의미가 된다.

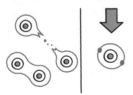 **atomic**
【ətάmik】

어원 메모

원자가 발견되었을 무렵에는 그 이상 작은 것은 없다는 의미로 「a(없는) + tom(자르다)」에서 atom이라고 명명되었다. 해부학은 '몸 전체(ana)를 자르다(tom)'에서 anatomy가 된다.

a (아닌)+**tom** (자르다)+**ic** (형·접)
➡ 더 이상 자를 수 없는 형 원자의, 원자력의

unlimited
【ʌnlímitid】

limited

un (아닌) + **limit** (한계) + **ed** (형·접)
➡ 한계가 없는
형 무제한의, 끝없는

individual
【indəvídʒuəl】

in (아닌) + **divid(e)** (나누다) + **ual** (형·접)
➡ 나눌 수 없는
형 개인의, 개개의

informal
【infɔ́ːrm(ə)l】

formal

in (아닌) + **form** (형태) + **al** (형·접)
➡ 형식적이지 않은
형 형식에 얽매이지 않는

impartial
【impáːrʃəl】

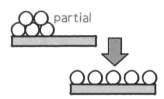

partial

im (아닌) + **partial** (부분적인) ⇒ **p.87** 참조
➡ 부분적이지 않은
형 치우치지 않은, 공평한

immoral
【imɔ́ːrəl】

im (아닌) + **moral** (도덕적인)
➡ 도덕적이지 않은
형 부도덕한

asymmetry
【eisímətri】

symmetry

a (아닌) + **symmetry** (대칭)
➡ 대칭이 아닌 것
명 비대칭

241

11-1 path, pass = 느끼다, 고통을 겪다

apathy

【ǽpəθi】

a (아닌) + **path** (느끼다) + **y** (명·접)

➡ 느끼지 못하는 상태

명 **무감동, 무관심**

관련어휘 ➡ **apathetic** 형 **무감각한, 무관심한, 냉담한**

The campaign failed because of public apathy.
캠페인은 대중의 무관심 때문에 실패했다.

They were too apathetic to go out and vote.
그들은 나가서 투표하기에 너무 무관심했다.

어원 메모

멀리 있는 사람에게 자신의 기분을 전달하는 능력을 텔레파시(telepathy), 마음에 깊이 느끼는 연민이나 비애를 페이소스(pathos), 패션 프루트(passion fruit)는 '열정의 과일' 이라고 하는 것처럼 어근인 path나 pass에는 '느끼다', '아프다'라는 의미가 있다.

242

passion

pass (느끼다) + ion (명·접)
➡ 대상에 느끼는 일

【pǽʃən】
명 감정, 열정
passionate **형** 열정적인

Her eyes were burning with passion.
그녀의 눈은 열정으로 불타올랐다.

---

sympathize

sym (함께) + path (느끼다) + ize (동·접)
➡ 함께 느끼다

【símpəθàiz】
동 동정하다
sympathy **명** 동정

I sympathized with the boy when his dog died.
나는 소년의 개가 죽었을 때 소년과 슬픔을 같이 했다.

---

patient

pat(i) (고통을 겪다) + ent (형·접)
➡ 고통을 겪어내는

【péiʃənt】
형 참을성이 많은, 인내심 있는 **명** 환자
patience **명** 인내
impatient **형** 짜증난, 못 견디는

Our train was late, but we were patient.
우리 기차는 늦었지만, 우리는 인내했다.

---

passive

pass (고통을 겪다) + ive (형·접)
➡ 고통을 겪는

【pǽsiv】
형 수동적인, 소극적인

He took a passive attitude toward the proposal.
그는 그 제안에 대해 소극적인 태도를 취했다.

11-2 nom, name= 이름

anonymous

【ənánəməs】

a (아닌) + **nonym** (이름) + **ous** (형·접)

➡ 이름이 없는

형 **익명의, 이름이 없는**

관련어휘 ➡ **anonymity** 명 익명(성)

$50,000 was given to the charity by an anonymous donor.
익명의 기부자가 자선단체에 50,000달러를 기부했다.

He agreed to speak on condition of anonymity.
그는 익명을 조건으로 발언하기로 동의했다.

어원 메모

'이름'을 의미하는 nonym에 '반대'를 의미하는 접두사 anti를 붙인 antonym은 '반의어'라는 뜻이고, nonym에 '같은'을 의미하는 접두사 syn를 붙인 synonym은 '동의어'라는 뜻이다.

nominate

nomin (이름) + ate (동·접)
➡ 이름을 말하다

【námənèit】

동 지명하다, 추천하다
nominee 명 지명된 사람

The party nominated him for president.
정당은 그를 대통령으로 지명했다.

nominal

nomin (이름) + al (형·접)
➡ 이름의

【námənl】

형 이름뿐인, 유명무실한, 극소수의

He got it for a nominal amount of money.
그는 그것을 아주 적은 돈으로 샀다.

denominate

de (완전히) + nomin (이름) + ate (동·접)
➡ 완전히 이름을 붙이다

【dinámənèit】

동 명명(命名)하다, 액수를 매기다
denomination 명 명칭, 단위명, 교파

The loan is denominated in US dollars.
그 융자금은 미국 달러화로 액수가 매겨졌다.

renown

re (다시) + nown (이름)
➡ 여러 번 이름이 불리는 일

【rináun】

명 유명, 명성
renowned 형 유명한

She won renown as a fair judge.
그녀는 공정한 심판으로 명성을 얻었다.

11-3 tact, tang= 만지다

intangible

【intǽndʒəbl】

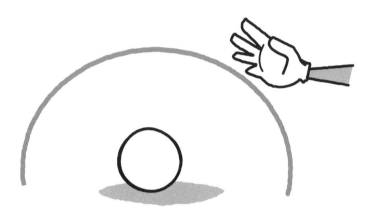

in (아닌) + **tang** (만지다) + **ible** (형·접)

➡ 만질 수 없는

형 만질 수 없는, 실체가 없는, 무형의

명 만질 수 없는 것, 무형 자산, (상업상의) 신용

관련어휘 ➡ **tangible** 형 유형의, 만질 수 있는, 명백한

The dance is designated as intangible cultural property.
그 춤은 무형 문화재로 지정되었다.

Tangible assets include cash, real estate and machinery.
유형 자산은 현금, 부동산, 기계를 포함한다.

어원 메모

'접촉', '연락을 취하다'라는 의미인 콘택트(contact)의 본래 뜻은 「con(함께) + tact(만지다)」이다. 수학 용어 탄젠트(tangent)는 '접선'을 뜻한다.

tact

【tǽkt】

명 요령, 재치

tactful 형 재치 있는

tactics 명 기지 전술, 책략

Tact is one of his strong points.

재치 있는 것이 그의 장점 중의 하나이다.

➡ 손으로 교묘하게 조종하는 기술

---

intact

【intǽkt】

형 흠이 없는, 온전한, 그대로의

Despite the earthquake, his house was intact.

지진에도 불구하고 그의 집은 온전했다.

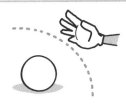

in (아닌) + tact (만지다)

➡ 손대지 않은

---

contagious

【kəntéidʒəs】

형 전염되는, 전염성의

contagion 명 접촉 감염, 전염병

Chicken pox is a highly contagious disease.

수두는 매우 전염성이 있는 질병이다.

con (함께) + tag (만지다) + ious (형·접)

➡ 서로 접촉하고 있는

---

contaminate

【kəntǽmənèit】

동 오염되다, 악영향을 미치다

contamination 명 오염, 악영향

The soil has become contaminated.

토양이 오염되었다.

con (함께) + tamin (접촉하다) + ate (동·접)

➡ 서로 (오염 물질에) 접촉하다

11-4　fa = 말하다

infant

【ínfənt】

in (아닌) + **fa** (말하다) + **ant** (사람)
➡ 아직 말 못하는 사람
명 유아, 아기, 젖먹이　형 유아의, 초기의

관련어휘 ➡ **infancy** 명 유아기, 초기

His parents both died when he was an infant.
그의 부모는 둘 다 그가 아기였을 때 죽었다.

Bird research on the island is still in its infancy.
섬의 조류 연구는 아직 초기 단계에 있다.

어원 메모

'유명한'을 의미하는 famous는 많은 사람에게서 이야기되는 만큼 지명도가 높다는 데에서 생겼다. 그리고 유아 관련 제품이나 서적에 자주 쓰이는 단어 '앙팡'은 프랑스어 enfant (영어 infant)에서 나온 말이다.

fable

【féibl】

명 우화, 구전된 것

How many Aesop's fables have you read?

이솝 우화는 몇 편이나 읽었습니까?

fabl(e) (말하다)
➡ 말하는 것 ➡ 이야기

---

infamous

【ínfəməs】

형 악명 높은, 불명예스러운

The criminal was infamous for his brutality.

범인은 잔혹함으로 악명이 높았다.

in (아닌) + famous (유명한)
➡ (부정적 의미로) 유명한

---

fatal

【féitl】

형 치명적인, 결정적인

fate 명 운명

fatality 명 사망자, 불행, 숙명, 필연

She suffered a fatal injury to the neck.

그녀는 목에 치명적인 부상을 입었다.

fat (말하다) + al (형·접)
➡ 신에 의해 이야기된

---

prophet

【práfit】

명 예언자, 제창자

prophecy 명 예언

prophesy 동 예언하다

Their religion is founded on the words of the prophet.

그들의 종교는 예언자의 말을 토대로 한다.

pro (앞에) + phet (말하다)
➡ 미리 말하는 것

11-5   mid, med(i) = 중간

immediate

【imíːdiət】

im (아닌) + **medi** (중간) + **ate** (형·접)

➡ 안에 들어갈 것이 없는

형 **즉각적인, 직접적인**

관련어휘 ➡ **immediately** 부 즉각

He gave me an immediate reply to my question.
그는 내 질문에 즉각적인 대답을 해 주었다.

He went home immediately after he heard the news.
그는 소식을 듣고 즉각 집으로 갔다.

어원 메모

스테이크의 구운 정도에서 중간 정도 굽기를 미디엄(medium), 중년의 남성을 middle-aged man, 한밤중을 미드나이트(midnight), 신문·잡지·텔레비전·라디오 등의 매체를 미디어(media)라고 하듯이 med, mid에는 '중간'이라는 의미가 있다.

250

mediate

【míːdièit】

동 중재하다, 조정하다

mediation 명 조정

The president agreed to mediate the peace talks.

대통령은 평화 회담을 중재하는 데 동의했다.

medi (중간) + ate (동·접)
➡ 안으로 들어가다

---

intermediate

【intərmíːdiət】

형 중간의, 중급의

명 중급자

I'm in the intermediate class.

나는 중급반에 있다.

inter (사이에) + medi (중간) + ate (형·접)
➡ 사이에 들어간

---

medieval

【mìːdiíːvəl】

형 중세의

Medieval times lasted about 1,000 years.

중세 시대는 약 천 년 동안 지속되었다.

medi (중간) + ev (해, 년) + al (형·접)
➡ 중간(의) 시대의

Mediterranean

【mèdətəréiniən】

형 지중해의

명 지중해

He lives on a small island in the Mediterranean.

그는 지중해의 작은 섬에 산다.

Medi (중간) + terra(n) (토지) + ean (형·접)
➡ 대륙 사이에 있는

11-6 reg, roy = 왕, 통치하다

irregular

【irégjələr】

i(r) (아닌) + **reg(u)** (통치하다) + **lar** (형·접)
➡ (시간적으로) 통치가 안 되는 ➡ 규칙적이지 않은

형 **불규칙한, 가지런하지 못한**

[관련어휘] ➡ **regular** 형 규칙적인

The heartbeat was feeble and irregular.
심장 박동 소리가 아주 약하고 불규칙했다.

Doing regular exercise is good for your health.
규칙적인 운동을 하는 것은 여러분의 건강에 좋다.

어원 메모

규칙(rule)은 레귤러(regular)와 같은 어원에서 유래하여 본래 '왕이 정한 규칙'이라는 뜻이다. 왕실(royal family)의 royal에도 같은 어근이 사용된다.

regulate

【régjulèit】

동 규제하다, 규칙적으로 하다

regulation 명 규칙, 규제, 조절, 조정

You should regulate your diet.
당신은 당신의 식단을 규제해야 한다.

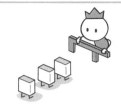

reg(ul) (통치하다) + ate (동·접)
➡ 통치하다

---

reign

【réin】

동 통치하다

명 통치 (기간)

The Queen reigned from 1837 to 1901.
여왕은 1837년부터 1901년까지 통치했다.

➡ 왕이 지배하다

---

region

【rí:dʒən】

명 지역, 지방

regional 형 지역의

They have heavy snow in the northeast region.
북동부 지역에 눈이 많이 온다.

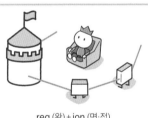

reg (왕) + ion (명·접)
➡ 왕이 지배하고 있는 곳

---

regime

【rəʒí:m】

명 정권, 정치 체제

The military regime recognized the elections.
군사 정권은 선거를 인정했다.

reg (통치하다) + ime (명·접)
➡ 프랑스어로 '구체제'는
앙시앙 레짐(ancien régime)

11-7 cert, cri = 확실한, 가려내다, 구별하다

uncertain

【ʌnsə́:rt(ə)n】

cert

un (아닌) + **cert** (확실한) + **ain** (형·접)

➡ 확실하지 않은

형 **불확실한**

관련어휘 ➡ **certain** 형 확실한

The company faces a highly uncertain future.
회사는 매우 불확실한 미래에 직면해 있다.

It is certain that there will be a big earthquake in the near future.
가까운 미래에 큰 지진이 일어날 것이 확실하다.

어원 메모

콘서트(concert)는 「con(함께) + cert(가려내다)」에서 각각의 소리를 가려내어 공명하고 조화로운 소리를 내는 일이다. secret도 「se(떨어져) + cret(체)」에서 남의 눈에 띄지 않는 장소에서 나누는 것, 즉 '비밀'이라는 의미가 된다. crime(범죄)은 재판관이 가려내어 결정한다는 데에서 유래했다.

cert (확실한) + ify (동·접)
➡ 확실하게 하다

certify

【sə́:rtəfài】

동 보증하다, (서면으로) 증명하다,
  자격증을 수여하다

certificate 명 증명서, 자격증

She was certified as a teacher in 2000.

그녀는 2000년에 교사 자격증을 받았다.

a(s) (~으로) + certain (확실한)
➡ 확실한 것으로 하다

ascertain

【æsərtéin】

동 (옳은 정보를) 알아내다, 확인하다

The police ascertained the facts.

경찰은 사실을 알아냈다.

con (함께) + cern (가려내다)
➡ (옳고 그름을) 가려내다
➡ 관심 갖다

concern

【kənsə́:rn】

동 관계되다, 걱정하다
명 관심사, 걱정, 관계

concerning 전 ~에 관해서

This matter doesn't concern me.

이 일은 나와 상관없다.

dis (떨어져) + crimin (구별하다) + ate (동·접)
➡ (체로 쳐) 따로 구별하다

discriminate

【diskrímənèit】

동 구별하다, 식별하다

discrimination 명 구별, 차별

When do babies learn to discriminate voices?

아기들이 언제 목소리를 식별하는 것을 배우게
됩니까?

11-8 cover = 덮다

uncover

【ʌnkʌ́vər】

un (아닌) + **cover** (덮다)

➡ 덮지 않다

동 폭로하다, 뚜껑을 열다

A search of their luggage uncovered two pistols.
그들의 수화물 수색으로 2개의 권총을 적발했다.

It's the press's responsibility to uncover the truth.
진실을 밝히는 것은 언론의 책임이다.

어원 메모

책의 표지나 물건을 덮는 것은 커버(cover)인데, 이것은 강조의 접두사 co와 over가 조합되어 생긴 단어, 즉 '완전히 위를 덮다'라는 뜻이다.

discover

dis (아닌) + cover (덮다)
➡ 덮개를 벗기다

【diskʌ́vər】
동 발견하다
discovery 명 발견

He was discovered hiding in a shed.
그는 헛간에 숨어 있다가 발견되었다.

---

recover

re (다시) + cover (덮다)
➡ 결손된 부분을 다시 덮다

【rikʌ́vər】
동 회복하다, 되찾다
recovery 명 회복

The doctor said she would recover quickly.
의사는 그녀가 빨리 회복할 것이라고 말했다.

---

curfew

cur(= cover) (덮다) + few(= fire) (불)
➡ 불을 덮다 ➡ 불을 끄는 것

【kə́:rfju:】
명 통금 시간, 외출 금지 시간

Get back before curfew.
통금 시간 전에 돌아와라.

---

covert

cover (덮다) + t (~되다)
➡ 덮어진

【kóuvərt】
형 비밀의, 은밀한
covertly 부 은밀히

She watched him covertly with a mirror.
그녀는 거울로 그를 은밀히 지켜보았다.

Chapter

12

mono-, uni-, bi-, du-, tri-, multi-

(수)

$\overset{1}{\underset{3}{2}}$ mono-,uni-,bi-,du-,tri-,multi-

(수)

수를 나타내는 접두사에는 다음과 같은 것이 있다. **mono/uni**(하나), **bi/du**(둘), **tri**(셋), **multi**(다수).

monocycle
[mánəsáikl]

mono (하나) + **cycle** (바퀴)
➡ 바퀴 한 개   **명** 외발자전거

어원 메모

그리스어로 1을 의미하는 mono와 '원형, 동그라미'를 나타내는 cycle이 만나서 monocycle(외발자전거)이 되었다. 마찬가지로 이륜차라면 bicycle, 삼륜차는 tricycle 이 된다.

---

unique
[ju:ni:k]

어원 메모

라틴어로 1을 의미하는 uni에 형용사를 만드는 접미사인 que가 붙어서 한 개밖에 없다는 의미의 unique(독특한)가 된다. 그 외에 unicorn은 유니콘(뿔이 하나 달린 전설상의 동물), uniform은 제복의 의미가 된다.

uni (하나) + **que** (형·접)
➡ 한 개밖에 없는   **형** 독특한, 드문

monochrome
【máːnəkroum】

mono (하나) + **chrome** (색)
➡ 한 색의
형 흑백의 명 흑백 사진

monologue
【mánəlɔ̀ːg】

mono (하나) + **logue** (이야기하다)
➡ 혼자서 이야기하는 것
명 독백, 독백극

unison
【júːnəsn】

uni (하나) + **son** (소리)
➡ 하나의 소리
명 이구동성, 일치

bilingual
【bailíŋgwəl】

bi (둘) + **ling** (혀) + **ual** (형·접)
➡ 두 언어의
형 두 언어를 사용하는

dubious
【d(j)úːbiəs】

du(**ouble**) (둘) + **ious** (형·접)
➡ 두 개의 마음을 지닌
형 의심하는, 미심쩍어 하는

triple
【trípl】

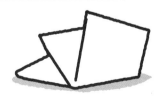

tri (셋) + **ple** (포개다)
➡ 세 개로 포개어 놓은
형 3배의, 3중의

12-1　ton, tun= 소리

mono**tonous**

【mənát(ə)nəs】

mono (하나) + **ton** (소리) + **ous** (형·접)

➡ 한 가지 소리만의

형 단조로운

관련어휘 ➡ **monotone** 명 단조로운 소리[방식]

The teacher's low, monotonous voice almost put me to sleep.
선생님의 낮고 단조로운 목소리가 나를 거의 잠들게 했다.

The witness replied in a monotone.
증인은 단조로운 소리로 대답했다.

어원 메모

음색이나 어조를 톤(tone), 소리의 억양을 인토네이션(intonation)이라고 하는데, tone 은 본래 '소리의 확대'라는 뜻이다. 혹은 큰 소리로 긴장감을 주는 이미지가 있다. 헤어 토닉(tonic)은 머리카락에 자극을 주는 것인데, 이때 tonic은 '강장제', '기운을 북돋우는 것' 등의 의미가 된다.

as (밖에) + ton (소리) + ish (동·접)
➡ 천둥소리에 깜짝 놀라다

astonish

【əstániʃ】

동 놀라게 하다
astonishing 형 놀라운
astonishment 명 놀람

I was astonished at her fluent English.
나는 그녀의 유창한 영어에 놀랐다.

as (밖에) + toun (소리) + d
➡ 천둥소리에 깜짝 놀라다

astound

【əstáund】

동 경악시키다, 몹시 놀라다
astounding 형 경악시키는, 믿기 어려운

He was astounded by her arrogance.
그는 그녀의 거만함에 경악했다.

➡ astonish의 단축형

stun

【stʌ́n】

동 기절시키다, 실신시키다

Farmers stun cows before slaughter.
농부들은 소들을 도살 전에 기절시킨다.

ton (소리) + ic (형·접)
➡ 소리로 자극을 주는

tonic

【tá:nik】

형 기력을 북돋우는
명 토닉, 강장제

The cool autumn air has a tonic effect.
시원한 가을 공기는 기력을 북돋우는 효과가 있다.

263

12-2   vers(e) = 돌다, 향하다

universal

【jùːnəvə́ːrs(ə)l】

uni (하나) + **vers** (돌다) + **al** (형·접)

➡ 하나가 되어 도는

형 전 세계의, 보편적인, 공통의

관련어휘 ➡ **universe** 명 우주, 전 세계

Poverty is a universal problem all over the world.
빈곤은 전 세계의 보편적인 문제이다.

The universe is infinite.
우주는 무한하다.

어원 메모

대학(university)은 교수와 학생이 하나가 되어 공부하는 장소이다. 양면을 다 쓸 수 있는 것은 reversible이라고 한다. 야구팀 자이언트와 타이거즈가 서로 대립하는 상태를 Giants vs Tigers라고 표현하는데, vs는 'versus(대)'라는 의미다.

con (함께) + verse (돌다)
➡ 서로 말을 주고받다

converse

【kənvə́:rs】

동 대화하다, 이야기하다

conversation 명 대화

They conversed about politics.

그들은 정치에 대해서 이야기했다.

di (떨어져) + verse (돌다)
➡ 여러 장소를 돌아다니는

diverse

【daivə́:rs】

형 다른, 다양한

diversity 명 다양성

Diverse opinions were exchanged there.

다양한 의견들이 그곳에서 교환되었다.

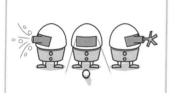

vers (돌다) + at (동·접) + ile (하기 쉬운)
➡ 쉽게 돌려지는

versatile

【və́:rsətl】

형 다재다능한, 다용도의

Few foods are as versatile as cheese.

치즈만큼 다용도의 음식은 거의 없다.

ad (~으로) + verse (돌다)
➡ 불리한 방향으로 도는

adverse

【ædvə́:rs】

형 반대의, 유해한, 불편한

adversary 명 상대자

His opinion was adverse to mine.

그의 의견은 나의 의견에 반대되는 것이었다.

12-3 ann(i), enn(i) = 해, 년

biennial

【baiéniəl】

bi (둘) + **enn(i)** (해, 년) + **al** (형·접)
➡ 2년마다
형 2년에 한 번의

관련어휘 ➡ **biennially** 부 2년에 한 번

Biennial national surveys have been conducted since then.
그 이후로 2년마다 국가 조사가 실시되었다.

The conference will be held biennially.
회의는 2년에 한 번 걸쳐 개최될 것이다.

어원 메모

기원을 나타내는 A.D.는 라틴어 Anno Domini(주님의 해)에서 유래했다. ann은 '해', '년'을 의미하고, anniversary는 1년에 한 번 돌아오는 '축하', '기념일'이라는 뜻이 있다.

266

ann(i) (해, 년) + vers (돌다) + ary (명·접)
➡ 1년마다 돌아오는 일

anniversary

【æ̀nəvə́:rsəri】

명 (주년) 기념일, 기념 행사

We celebrated our 10th wedding anniversary last night.

우리는 어젯밤 결혼 10주년을 기념했다.

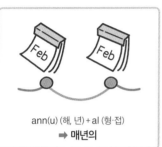

ann(u) (해, 년) + al (형·접)
➡ 매년의

annual

【ǽnjuəl】

형 연 1회의, 매년의
명 연감, 연보
annually 부 연 1회, 매년

His annual income is about $500,000.

그의 연간 수입은 약 50만 달러이다.

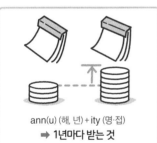

ann(u) (해, 년) + ity (명·접)
➡ 1년마다 받는 것

annuity

【ən(j)ú:əti】

명 연금, 연봉, 연금 보험

The annuity lets her travel.

연금 덕분에 그녀는 여행을 할 수 있다.

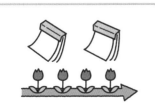

per (통하다) + enn(i) (해, 년) + al (형·접)
➡ 1년 내내 계속되는

perennial

【pəréniəl】

형 끊임없이, 다년간의
명 다년생 식물

Mickey Mouse remains a perennial favorite.

미키 마우스는 다년간 인기 있는 캐릭터이다.

12-4   ple, pli, ply, ploy = 포개다, 접다

du**plicate**

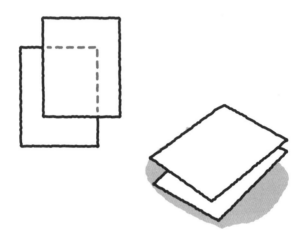

du (둘) + **pli**(**c**) (접다) + **ate** (동·접)

➡ 반복하다

동 【d(j)ú:plikèit】 복제하다, 두 번 반복하다

형 【d(j)ú:plikət】 복제의   명 【d(j)ú:plikət】 복제

You should never duplicate the same error.
당신은 같은 오류를 절대 두 번 반복해서는 안 됩니다.

I'd better keep duplicate files on USB.
나는 USB에 복사된 파일들을 보관하는 것이 좋겠다.

어원 메모

아플리케(appliqué)는 잘라낸 천을 다른 천에 꿰매거나 붙이는 기법을 말하는데, 어근인 pli는 ply와 마찬가지로 '포개다', '접다'라는 의미가 있다. 실물에 겹겹이 포개어 만드는 복제품(replica)도 「re(다시) + pli(포개다)」에서 유래했다.

employy

em (안에) + ploy (접다)
➡ 안에 싸서 넣다 ➡ 고용하다

【implói】
동 고용하다, 사용하다
employee 명 종업원
employment 명 고용
unemployment 명 실업

This factory employs over 5,000 people.
이 공장은 5,000명 이상의 직원을 고용하고 있다.

deploy

de (반대) + ploy (접다)
➡ 접지 않다

【diplói】
동 배치하다, 효율적으로 사용하다
deployment 명 배치, 전개

NATO is deploying ground troops.
나토(북대서양 조약 기구)는 지상군을 배치하고
있다.

display

dis (아닌) + play (접다)
➡ 접지 않고 두다

【displéi】
동 진열하다, 나타내다
명 진열, 표시

**My painting is displayed in this
museum.**
이 박물관에는 내 그림이 전시되어 있다.

diplomatic

di (둘) + ploma (접은 것) + tic (형·접)
➡ 예전에 졸업 증서를 2개로 접은
데에서 diploma가 '졸업장'이나
'공문서'의 의미가 되었다.

【dìpləmǽtik】
형 외교상의
diplomat 명 외교관

**Both countries established
diplomatic relations.**
양국은 외교 관계를 수립했다.

12-5   via, vey, voy = 길

trivial

【tríviəl】

tri (셋) + **via** (길) + **al** (형·접)
➡ 삼거리의 ➡ 누구나 모이는 곳의
형 **하찮은, 사소한**

관련어휘 ➡ **trivia** 명 하찮은 일, 사소한 정보
triviality 명 하찮음

She often loses her temper over trivial matters.
그녀는 사소한 일로 자주 화를 낸다.

This magazine is full of trivia and gossip.
이 잡지는 사소한 정보와 가십으로 가득하다.

어원 메모

길(way)은 라틴어인 via에서 유래했다. trivia는 「삼거리(tri=3) + via(길)」로, 사람이 많이 모인다는 데에서 '흔한', '시시한'이라는 의미가 되었다.

previous

pre (미리) + vi(a) (길) + ous (형·접)
➡ 이미 지나간

【prí:viəs】

형 전의, 이전의

previously 부 이전에

I have a previous appointment.

나는 선약이 있다.

obvious

ob (~에 맞서) + vi(a) (길) + ous (형·접)
➡ 길에서 자주 마주치는

【ábviəs】

형 분명한

obviously 부 분명하게

It's obvious that nothing is wrong.

잘못된 것이 없다는 것은 분명하다.

deviate

de (떨어져) + via (길) + ate (동·접)
➡ 길에서 벗어나다

【dí:vièit】

동 빗나가다, 벗어나다

devious 형 간사한, 교활한

deviation 명 일탈

The plane deviated from its normal flight path.

비행기는 정상 비행 경로에서 벗어났다.

convey

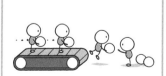

con (함께) + vey (길)
➡ 같은 길을 가다

【kənvéi】

동 (생각·감정 등을) 전하다, 운반하다

conveyance 명 운반

Blood is conveyed to the heart by the veins.

혈액은 정맥을 통해 심장으로 운반된다.

12-6 ple, pli, ply, ploy = 겹치다

multiple

【mʌ́ltəpl】

multi (다수) + **ple** (겹치다)

➡ 다수를 겹친

형 다수의   명 배수

관련어휘 ➡ **multiply** 동 곱셈을 하다, 늘다
multiplicity 명 다수, 다양성

6 is a common multiple of 2 and 3.
6은 2와 3의 공통 배수이다.

When did you learn to multiply?
언제 곱셈하는 것을 배웠니?

어원 메모

「sim(하나) + ple(포개다)」인 simple은 한 번만 포개므로 '단순한', triple은 세 번 포개서 '3배의', 「com(함께) + pli(포개다)」인 complicated는 함께 접어 포개므로 '복잡한'이라 는 의미가 된다.

ap(=ad)

a(p) (~으로) + ply (겹치다)
➡ ~을 붙이다

apply

【əplái】

동 적용하다, 붙이다, 구하다
application 명 신청, 응용
applicant 명 지원자

I'm going to apply for a visa today.
나는 오늘 비자를 신청할 것이다.

im

im (안에) + ply (겹치다)
➡ 안에 겹치게 하다 ➡ 내포하다

imply

【implái】

동 넌지시 비추다, 암시하다
implicit 형 암묵의
implication 명 함축, 귀띔

Her expression implied agreement.
그녀의 표정은 동의를 암시했다.

com (함께) + ply (겹치다)
➡ 같게 하다

comply

【kəmplái】

동 따르다, 응하다
compliance 명 따름

You have to comply with the law.
당신은 법을 따라야 한다.

re

re (다시) + ply (겹치다)
➡ 겹쳐서 되돌려 보내다

reply

【riplái】

동 대답하다, 응하다
명 대답

"I'm so sorry," he replied.
"정말 죄송합니다."라고 그가 대답했다.

색인

진하게 표시한 숫자는 **표제어** 페이지, 나머지는 관련어휘 페이지를 나타냅니다.

접두사 목록

진하게 표시된 글자는 해당 **접두사**가 들어간 단어이고, 나머지는 다른 장에서 그 접두사가 사용된 단어입니다.
▶는 접두사를 나타내고, ◎는 그 변형을 나타냅니다.

ad-
(~으로, ~에)

Chapter 1

sub-
(아래에, 가까운)

Chapter 4

▶**sub-**

◎ **sub- (기본형)**

◎ **suc-의 형태 (c로 시작되는 어근 앞에서)**

◎ **suf-의 형태 (f로 시작되는 어근 앞에서)**

◎ **sum-의 형태**

◎ **sup-의 형태 (p로 시작되는 어근 앞에서)**

◎ **sus-의 형태 (s로 시작되는 어근 앞에서)**

sur-, super-
(위에, 넘어서)

Chapter 5

▶**sur-**

◎ **sur-**

▶**super-**

◎ **super-**

◎ **기타**

ex-
(밖에)

Chapter 6

pro-, pre-, for-
(미리, 앞에)

Chapter 7

re-
(다시, 원래, 뒤에)

Chapter 8

in-, im-, en-
(안에, 위에)

Chapter 9

ab-, dis-, se-
(분리, 부정, 반대)

Chapter 10

un-, im-, in-, a-
(부정)

Chapter 11

mono-, uni-, bi-, du-, tri-, multi-
(수)

Chapter 12

이 책을 만든 사람들

시미즈 켄지(清水建二)
도쿄에서 태어나 사이타마 현립 고시가야키타 고등학교를 졸업하고 조치대학 문학부 영문학과에 들어갔다. 졸업 후에는 가이드 통역사, 도신 하이스쿨 강사, 진학의 명문 현립 우라와 고등학교 등을 거쳐 현재는 사이타마 현립 시로오카 고등학교 교사로 재직 중이다. 기초부터 상급까지 알기 쉽게 가르치는 독특한 교육법으로 정평이 나있고, '시미켄'이라는 애칭으로 불리며 학생들과 친밀한 사이로 지내고 있다. 이 책에서는 문장을 담당했다.

스즈키 히로시(すずきひろし)
가나가와 현에서 태어나 영어 교사, 영어 교재 개발자, 일러스트레이터로 활약 중이다. 영어 문법이나 단어의 의미를 일러스트로 알기 쉽게 명시화하는 방법을 추구한다. 가나가와 현의 사가미오노에서 문을 연 '어른을 위한 영어 학원'이나 문화 센터에서 초보 영어, 비즈니스 영어 등의 강좌를 통해 평생 학습을 지원한다. 이 책에서는 일러스트의 원안을 담당했다.

【일러스트레이터】
혼마 아키후미(本間昭文)
1977년에 태어나 2006년부터 프리랜서 일러스트레이터로서 광고와 서적 분야를 중심으로 활약 중이다. 이 책에서는 그림 그리는 것을 담당했다.

【역자】
정지영
대학에서 일본학과를 졸업한 뒤 출판사에서 수년간 일본도서 기획 및 번역, 편집 업무를 담당하다보니 어느새 번역의 매력에 푹 빠져버렸다. 현재는 엔터스코리아 출판기획 및 일본어 전문 번역가로 활동 중이다. 주요 역서로는 『비주얼 씽킹』, 『그림으로 디자인하는 생각정리 업무기술』 등 다수가 있다.

쉽고 재미있게 배우는 영어 어원 그림책
어원 덕분에 영어 공부가
쉬워졌습니다

초판 11쇄 발행 2024년 5월
저자 시미즈 켄지(清水建二), 스즈키 히로시(すずきひろし)
역자 정지영
펴낸이 김기중
펴낸곳 ㈜키출판사
전화 1644-8808 / 팩스 02) 733-1595
등록 1980. 3. 19. (제16-32호)

© 2018 시미즈 켄지(清水建二), 스즈키 히로시(すずきひろし)

정가 15,000원

이 책의 무단 복제, 복자, 전재는 저작권법에 저촉됩니다.
잘못 만들어진 책은 구입처에서 바꾸어 드립니다.
ISBN 979-11-88808-81-6 (13740)

EITANNGO NO GOGENZUKAN by Kenji Shimizu, Hiroshi Suzuki
Illustrated by Akifumi Honma
Copyright © Kenji Shimizu, Hiroshi Suzuki, 2018, All rights reserved.
Original Japanese edition published by KANKI PUBLISHING INC.
Korean translation copyright © 2018 by Key Publications

This Korean edition published by arrangement with KANKI PUBLISHING INC., Tokyo,
through HonnoKizuna, Inc., Tokyo, and Imprima Korea Agency

이 책의 한국어판 저작권은 HonnoKizuna, Inc.와 Imprima Korea Agency를 통해 KANKI PUBLISHING INC.와의 독점계약으로 (주)키출판사에 있습니다. 저작권법에 의해 한국 내에서 보호를 받는 저작물이므로 무단전재와 무단복제를 금합니다.